中国文化史知识丛书

中国古代神话与传说

修订版

潜明兹 著

商务印书馆国际有限公司
中国·北京

图书在版编目（CIP）数据

中国古代神话与传说 / 潜明兹著 . -- 修订版 . -- 北京 ：商务印书馆国际有限公司 , 2024.3
（中国文化史知识丛书）
ISBN 978-7-5176-1055-7

Ⅰ . ①中…　Ⅱ . ①潜…　Ⅲ . ①神话—研究—中国　Ⅳ . ① B932

中国国家版本馆 CIP 数据核字（2024）第 005732 号

ZHONGGUO GUDAI SHENHUA YU CHUANSHUO

中国古代神话与传说（修订版）

著　　者	潜明兹
出版发行	商务印书馆国际有限公司
地　　址	北京市朝阳区吉庆里 14 号楼 佳汇国际中心 A 座 12 层
邮　　编	100020
电　　话	010-65592876（编校部） 010-65598498（市场营销部）
网　　址	www.cpi1993.com
印　　刷	三河市紫恒印装有限公司
开　　本	787mm × 1092mm　1/32
字　　数	120 千字
印　　张	6.25
版　　次	2024 年 3 月第 1 版第 1 次印刷
书　　号	ISBN 978-7-5176-1055-7
定　　价	28.00 元

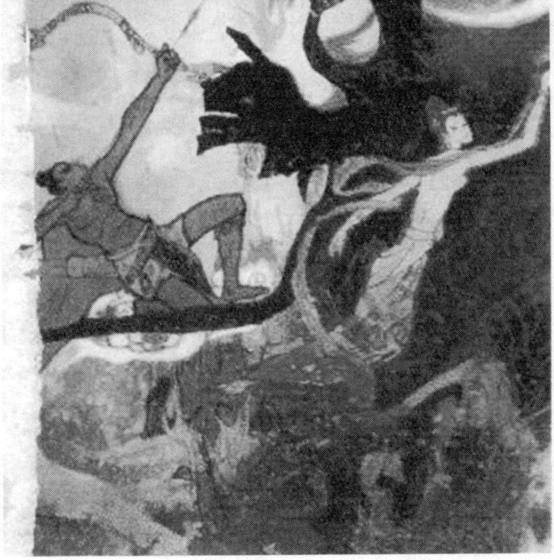

羿射九日　嫦娥奔月

十个太阳一起出现在天空，把土地烤焦了，禾苗晒死了，可怜的人们奄奄待毙。正直、强悍的英雄羿，为了人们的生存射落了九日，除去了种种害人的恶禽、猛兽：杀死猰貐、凿齿、九婴、巨蟒、大风，还活捉了野猪“封豨”。

牛郎织女　七夕鹊桥

美丽的天仙织女和勤劳的牛郎结为夫妻，过着男耕女织、丰衣足食的幸福生活。西王母为了惩罚织女，划天河为界，拆散了他们美满的家庭。但千万只喜鹊为牛郎织女的忠贞爱情搭起了鹊桥，使他们能在每年的七月七日相会。

彝族《梅葛·创世》

《梅葛》是彝族的创世史诗，广泛流传在云南省楚雄彝族自治州姚安、大姚等县彝族人民中间。整理本分四部分：“创世”“造物”“婚事和恋歌”“丧葬”，保存了彝族系列的创世神话传说。

纳西族《崇搬图》(创世纪)

《崇搬图》是纳西族的创世史诗，既在纳西族人民中口头流传，也记载在东巴的经书里，保存了大量神话传说。

目 录

八　从圣入凡

九　早期仙人传说

十　最后的话

一
中国神话传说的内涵

神话，永远是诱人的、难解的、世界性的谜。无数老妪、童稚，都为它心醉痴迷；无数艺术巨匠为它的永久魅力所倾倒；无数学者为它献出了毕生的精力。对这一文化之源的探讨，似乎永无穷尽——总有新的发现、新的理解，又再探索、再发现、再理解……它带给人们的不只是梦幻与神秘，更多的是理想、创造与动力。原始的思维和哲学，沟通了现代人与远古祖先的心灵，人们将通过神话，窥见人类的过去。认识人类自己，已成为不可阻挡的潮流。这一潮流早已冲开了我们幽闭已久的心扉。认识过去，是为了展望未来。神话，写下了人类文化史的第一页。

1
何谓神话传说

“神话”这个词是外来语，最早出现在希腊，原意与传说、故事、寓言是混同的。清末民初才传入中国，到20世纪20年代，才较为普遍地使用。

神话是一种最具有统一性的综合的意识形态，包括原始初民的全部自然科学和社会科学，因此被称作那个时期的“百科全书”。神话是通过幻想的方式把客观世界加以形象化，并且是原始初民集体信仰的产物，神圣而可信。越是原始的神话，越是不自觉的叙事艺术。随着文明的发展，神话才逐渐由朴野而文学化。我们现在从古籍中所见到的神话，几乎都经过后人不同程度地润饰与加工。所以神话的还原是一项很艰巨的研究工作。

神话不是任何时候都会产生的。在氏族社会之前，人刚刚脱离动物状态，几乎谈不上有什么生产力，基本上靠自然的恩赐，属于蒙昧阶段，不可能创造神话。大约在母系氏族公社，人类有了初步的劳动生产能力，靠渔猎为生，已有简陋的居住房屋，有以女性为中心的社会组织，大家共同劳动，人们开始形成了初步的思维能力和语言表达能力，才为神话的创造提供了条件。

神话形成过程中，原始人的特殊心理是重要的媒介。因为那时的人也和现在的人一样会做梦，只是对梦中的情景不会科学地进行解释，误以为除了肉体之外，还有一个灵魂。这个灵魂有时与肉体同在，有时又离开肉体单独活动，却是看不见、摸不着的。他们甚至把灵魂看得比肉体还重要，认为肉体死了，只要灵魂不死，便仍有复活的希望；倘若灵魂死了，才是真正的死亡。中国古代不叫灵魂，称“魂魄”。“魂魄分去则人病，尽去则人死。”（《抱朴子·论仙》）可见原始初民对灵魂的重视。对于梦中所见的种种景象，他们以为那是离开肉体的灵魂在活动。

原始初民的抽象能力很低，形象思维和类比的能力很强，因此，他们常常将两种以上的具体事物相互联系与类比。在现在人看来毫不相干的事物，在他们的心目中却有很大的关系。因此，他们不但认为人有灵魂，而且世界万物都有灵魂，这便是通常所说的“万物有灵论”。既然灵魂可以独立活动，人死灵魂又不一定死，于是又有了“灵魂不灭”的观念。他们便是用这种心理去抗拒死亡对人的威胁。

人的想象在神话形成过程中，发挥了重要的能动作用。凡是原始社会人们想达到而没有能力达到的，便企图借助想象实现。神话的想象并不是凭空的妄想、胡想，归根到底，乃是决定于氏族社会现实的需要。原始初民的思维是朴素的，想象是自发的，那种以己度物、从类比出发的结果，便创造了一个千变万化的神秘世界。在那个幻想的世界中，人与动物竟然存在血缘关系，他们与它们可以互变，人可以拟物化，物可以拟人化。又由于原始初民的知识非常贫乏，在与大自然作斗争的过程中，最初因为工具的落后，被迫充当自然力的奴隶，他们便把自然力对人的压迫，看作是各种神灵在起作用，而渐渐萌发了神的观念。有神就有神的活动以及讲述神事活动的故事，这就是神话。

最初的传说和神话一样古老，两者经常混同，界限模糊，故统称为上古神话传说。

随着生产力的提高，人类有了各种发明创造。这本来是集体在生产实践中长期获得的成果，人们却往往将这些分别附会在一定的历史人物身上，这便有了万物起源的神话传说。其中，既有神话的因子，又有传说的萌芽，交叉混合，难以区分。

大约在原始社会末期，部落战争频繁，由战争导致迁徙，能征善战的部族英雄为人们所景仰，取代了神灵的地位。人类由祖先崇拜发展到英雄崇拜，原始神话的神与部落英雄事迹相互混合，神话与人话的结合，意味着人的自我意识进一步增强。叱咤风云的部族英雄，带着神圣的灵光，为人们广泛传颂。这样，便同时出现了历史的传说化和神话的历史化。这是传说从神话的混合体中首次分化。对这一部分传说，在神话学上又称为“社会神话”。

中国古代还产生过大量的爱情传说和仙人传说。初期，它们有的不但借用了神话的表现手法，甚至直接向神话取材。古人在记载神话、爱情传说、仙话时，界限并不严格。当今有学者称之谓“广义神话”。后起的神话的衍生作品，它们当然不像原始神话那么纯粹，却流淌着神话的血液，彼此界限模糊，所以又约定俗成地被称为“神话故事”“神魔故事”或“神仙故事”。

“传说”作为一个科学名词，是近代才有的。中国传统叫“传闻”。《史记》与其他正史、稗史上的传闻都不少，野史与文人笔记中尤其多。这是广大人民群众的叙事艺术，是民间文学的重要体裁之一，起源于原始社会，兴盛于阶级社会，与一定的历史人物、历史事件、地方文物、自然风光、社会习俗有关联。现代常见的传说，多是以人物为中心，以事件为线索，以风物为标志的复合形态，有突出的历史性、民族性和地区性。这一点，与本书所谈的上古神话传说有所不同。

仙话基本上有两种情况，一种是在古代神话传说的基础上产生的，对封建社会晚期大量民主主义色彩很浓的仙话，有深远的影响。另一种是道教为宣传教义而创作的仙话，总体上属于宗教文学，迷信的部分应抛弃。

2

古籍资料中的神话传说

《山海经》成书于西周至西汉初期，不是一人一时一地之作，它是一部上古神话总集。其中有关于历史、地理、物产、医药、宗教等方面的内容，都具有荒诞的色彩；保存最多的是兽形神话，两种以上动物合体神话，以及人兽合体神话。此外，还有植物神话、海外传闻、巫风习俗的神话，在后一种神话中，有很多与祭山神有关，反映了那时人们对高山的崇拜很普遍。有不少神话的文字记载，首次是在《山海经》出现的。

图1　西王母

《西游记》小说中那位尊贵、典雅、庄重的王母娘娘，她的原型在《山海经》中却是极为可怕的人兽合体、性别不明的神。此神长着人面、虎躯、豹尾，住在昆仑山附近的玉山，头发蓬乱，还戴一种叫“胜”的首饰。有三只青鸟为此神觅食。这三只青鸟长得也很特别，都是红脑袋、黑眼睛。西王母的神职是掌管自然灾害和五刑。（见《山海经》的《西次三经》《海内北经》《大荒西经》）这一司职跟西王母的外形倒很统一。

过去，有人认为中国古代神话零散而不成系统，那是因为不了解。有零散的情况，也不尽然。比如帝俊的神话便比较多地见于《山海经》。帝俊是谁？古史研究家们认为是舜，又被称为帝喾。这是东夷所奉的上帝，显然与炎、黄不属于一个系统。

根据《山海经》所记，帝俊的一位妻子叫羲和，是10个太阳的母亲；他的另一位妻子是常羲，是12个月亮的母亲。帝俊在下界的两座祭坛，由一群五彩之鸟管理着。这些五彩鸟儿，或叫皇鸟，或叫鸾鸟，或叫风鸟。帝俊有一片竹林，在卫丘山的南面。这座山也够大的，方圆有300里。竹林里的竹又高又大，“大可为舟”，真是神竹。

另有传说，帝俊的妻子叫娥皇，她的后代叫三身国，即一个头、三个身子的人，他们以黍为粮食，役使着豹、虎、熊、罴四种野兽。还有的说帝俊的后代中有季釐（即厘）、中容、晏龙、帝鸿、黑齿，他们都能役使野兽。帝俊的后代中不乏能人异士，叔均是农耕的始创者，番禺始为舟，奚仲造车，晏龙则是一位音乐家，义均是能工巧匠……（见《大荒经》《海内经》）。

这些看似不太连贯的内容，至少告诉后人，帝俊是鸟图腾氏族祖先，他生活的时期已经是以父系为中心。他所管辖的地域辽阔，这一系的后代绵延历时长，对文明的创造有特殊的贡献。其中包含着许多原始的密码，要真正破译它们，需要进行艰苦的研究。

《山海经》这部书约3.1万字，在那个时候可算是“巨著”。书中文字简略，尽管保存的是上古神话的片段，然而却很有价值。

此外，不同程度保存神话传说的古籍还有先秦诸子著作、史书、杂史、笔记、志怪小说等。

先秦诸子著作以《庄子》为代表。《庄子》并不是为保存神话而辑录神话，主要是借用神话传说来说明一种思想，这属于运用和再创作，即把神话传说作为素材，改造成富有哲理意义的寓言。不过在客观上确实起了保存作用。《庄子》寓言中的神话，有的已经不完全是神话的本来面目，只是保留着神话的某些内核。如《逍遥游》中鲲鹏之变的神话便很有名：北海有一条鱼，名叫鲲，鲲其大无比，身长不知有几千里；后来它化成了鸟，这鸟叫鹏，鹏的背也其大无比，弄不清有几千里；它振羽而飞，翅膀犹如覆盖了天空的云。这只大鸟，当海动风起的时候便向南迁。那南天，就像大天池。

按照神话思维的特点，鱼、鸟完全可以互变，说明《庄子》一书有神话的根据，是来自《齐谐》一书。然而《庄子》的意图跟《齐谐》不一样，谐者，趣也，《齐谐》专记怪异之事；《庄子》却是为了说明一个道理：鲲鹏飞得再高，也不见得没有穷尽，往下一看，如此而已，世界是广大无边的，何必让自己的精神因功名利禄而受束缚呢？今日我们如果对这一神话作积极的理解，那么，有高尚志气者，都应似鲲鹏那样展翅翱翔，去追求远大的理想。

史书以《左传》《国语》为例，这二书中夹杂了不少神话传说。《左传·昭公十七年》讲到一个鸟的王国，便是一则很典型的古史神话传说。据说，东方的古帝王少皞名叫挚[①]，即位的时候，恰好飞来了凤鸟，因此便用各种鸟名命名下司百官。凤凰当历法官，燕子当掌管春分、秋分的官，伯劳鸟当管理夏至、冬至的官，青鸟当管理立春、立夏的官，锦鸡当管理立秋、立冬的官，鹁鸪掌管教育，鸷掌管兵权，布谷掌管营造建筑，鹰掌管法律和刑罚，鹘鸼掌管营缮等事。五种以鸠命名的官，管理老百姓；五种以野鸡命名的官，分别管理木工、金工、陶工、皮工、染工，还管器物的利用、尺度、度量均衡；以扈鸟

① 古代挚、鸷相通，少皞（少昊）即鸷鸟。

命名的九种农官，使老百姓不要淫荡。这个以凤鸟为总名称的鸟国，无非是历史的神话化，它大概是指古代东方奉行鸟崇拜的以少皞为首领的部落联盟。

防风氏神话在古籍中记录并不丰富，散见于《国语》《史记》《越绝书》《述异记》等，其中以《国语·鲁语下》交代得较细。

防风氏可能是大禹为首的部落联盟中一个部落的头头，那时，氏族部落的称呼跟首领的名称一般是统一的，防风氏部落的头头也就叫防风。相传大禹曾到过越地，在茅山召集过会议商讨大计，会上，对有德有功者，给以爵禄和土地，后来便把茅山改成了会稽（即会计之意）山。这是古史传说中很有名的群神集会。但不知何故防风却迟到了。大禹对此很不满，将防风杀死以后，先陈尸示众，然后才埋在会稽山下，直到吴国打越国的时候，把会稽山都打塌了，才发现了防风的尸骨——非常之大，一节骨头便要用一节车载运。吴国的人弄不清这是什么遗骨，何以如此之大，便派人去问博学的孔子，孔子便把前因后果向吴使说了一遍。吴使求教孔子的这件事，便记在《国语·鲁语下》：

> 吴伐越，堕会稽，获骨焉，节专车。吴子使来好聘，且问之仲尼……曰："敢问骨何为大？"仲尼

曰："丘闻之，昔禹致群神于会稽之山，防风氏后至，禹杀而戮之，其骨节专车，此为大矣。"

防风氏部落的人，可能属于传说中的巨人族之一，不过再长大的人也不至于一节骨头便要用一辆车，这显然属于神话式的夸张与想象。不过这则神话传说的古史价值一目了然，说明大禹的晚年，权力已日益集中，社会已由军事部落联盟逐步向国家转化。

各种杂史保存的古神话传说比正史要多。例如《吴越春秋》《越绝书》《蜀王本纪》等都属于杂史，也可称之谓野史，即不是官方修的史，而属于个人撰写的。其中有大禹出生、婚配的神话，人猿婚配的奇谈，古蜀国治水英雄杜宇、李冰的传说，等等。

广为人知的干将铸剑便是一则神话色彩很浓的传说。故事说，吴国人干将，善铸剑，其妻莫邪为助其成功，将自己的头发和指甲投进冶炉里，使300童男童女鼓风箱，造成阴阳宝剑，阳剑叫干将，阴剑叫莫邪。献给吴王阖闾的是阴剑，阳剑自藏了。吴王得剑十分珍爱。（见《吴越春秋·阖闾内传》）为什么要用莫邪的头发与指甲呢？这是原始社会人祭风俗的遗留和转化。原始宗教对神灵的崇拜达到痴迷的程度，为了实现某种愿望，以为杀人祭神便能得到神的帮助。社会进步以后，人们甚感人祭风俗太野蛮，便改用人体的某一部分代替人祭。但这一神话传说，主要并不是宣扬这种落后的风俗，而是反映当时吴国工匠们的铸造技艺已非常精良。

上述故事，到晋代的志怪小说《搜神记》有了新的发展。干将、莫邪夫妇成了楚国人，铸剑三年才成，向王献出了雌剑。因时间太长，虽然献了剑，干将仍被楚王所杀。莫邪此时已有身孕，后生一子，取名赤比，又叫眉间尺，到少年时期，带着父亲留下的雄剑去报仇。路遇一客，客告诉他："楚王正悬赏千金买你的头，你把头与剑给我，我可以替你报仇。"眉间尺自刎，两手捧头奉上，身躯仍自立在那里。客说："我不会辜负你的。"说罢，眉间尺的尸身才倒地。客去见楚王，说："这是勇士的头，应放在汤锅里煮。"煮了三天三夜，头仍不烂，并且还跳出汤锅，怒目圆睁。客对楚王说："这头不烂，请王亲自去看看，也许能烂。"楚王果然前去看，一伸头，便被客挥剑砍掉了。接着客也把自己的头砍掉了。三颗头都在锅里，煮烂以后，难以区分，只好分三份葬在一地，此地便叫作"三王墓"。（见《搜神记》卷十一）这一传说富于反抗精神，有强烈的复仇意识，鲁迅就是以它为素材，创作了《故事新编》的名篇《铸剑》。

图2　眉间尺

3

多民族的神话传说

中华民族是多民族的大家庭，每个民族都有自己的神话传说，在中华文化史上具有同样重要的地位。他们的神话分三条途径得以保存。

第一，散见于汉文古籍资料。例如南方有些民族至今还在民间流传的盘瓠神话，早已见于《后汉书·南蛮西南夷列传》：

昔高辛氏有犬戎之寇，帝患其侵暴，而征伐不克。乃访募天下，有能得犬戎之将吴将军头者，购黄金千镒，邑万家，又妻以少女。时帝有畜狗，其毛五采，名曰槃瓠。下令之后，槃瓠遂衔人头造阙下，群臣怪而诊之，乃吴将军首也。帝大喜，而计槃瓠不可妻之以女，又无封爵之道，议欲有报而未知所宜。女闻之，以为帝皇下令，不可违信，因请行。帝不得已，乃以女配槃瓠。槃瓠得女，负而走入南山，止石室中。所处险绝，人迹不至。于是女解去衣裳，为仆鉴之结，着独力之衣。帝悲思之，遣使寻求，辄遇风雨震晦，使者不得进。经三年，生子一十二人，六男六女。槃瓠死后，因自相夫妻。织绩木皮，染以草实，好五色衣服，制裁皆有尾形。其母后归，以状白帝，于是使迎致诸子。衣裳班兰，语言侏离，好入山壑，不乐平旷。帝顺其意，赐以名山广泽。其后滋蔓，号曰蛮夷。外痴内黠，安土重旧。以先父有功，母帝之女，田作贾贩，无关梁符传、租税之赋。有邑君长，皆赐印绶，冠用獭皮。名渠帅曰精夫，相呼为姎徒。今长沙武陵蛮是也。

这是族源神话，保存了原始社会图腾崇拜①与血缘近婚的痕迹。这一神话至今仍在某些民族中口头流传，那是因为后人对祖先的追念。特别是盘瓠与公主对农业文化曾作出过贡献，开辟了人迹不至的山区。

第二，靠口头流传下来的神话故事特别多。因为有的民族没有文字，有的民族在1949年以前还处于原始社会末期、奴隶社会或封建社会初期，去古不远，他们的神话传说主要靠记忆讲述。除了以散文故事的形式流传，另外还有大量神话保存在史诗里，用韵文的形式流传。因此，这些神话传说一般不像汉文古籍中那么零散，而相当完整、系统。他们的神系系谱与历史现实存在着某种对应关系。又由于他们的古神话传说仍以活形态在民间流传，保持了原始的面貌，较之汉文古籍上的神话更为古朴，包含更多的原始社会科学与自然科学，有更可靠的原始文化史价值。比如洪水遗民再生人类的神话传说是世界性的，众所周知的是《旧约圣经》的诺亚方舟，其实我国各民族这一母题的作品非常多，且篇幅长，故事曲折，并与葫芦

① 图腾与图腾崇拜的含意，请看下篇《人的自然化》。

崇拜、兄妹婚、人类来源、氏族（原始民族）起源相结合，蕴含丰富的历史内容，各有民族特色。如对人类来源就有不同的解释，至少有十几个民族都说人是从葫芦里出来的，有说是动物或植物变来的，也有说是从石洞中走出来的。我国各民族口头流传的神话，种类繁多，上至天文地理，下至人间生活的风情习俗，方方面面，无不曲折地反映在神话传说里。这说明这些民族的人们还保持着人类童年的天真，充满了浪漫的情趣，生活富于幻想的色彩。

第三，本民族有文字或早已通行汉族语言文字的民族，也有用书面形式保存神话传说的。如藏、白、彝、傣、纳西、蒙古等民族，在他们的宗教经典和其他书文里，都记录了本民族的神话传说。

如彝族，过去是奉以祖先崇拜为主的多神崇拜。彝族的巫师叫毕摩，因为他们在保存和传播宗教及民族文化方面曾发挥过重要作用，因而被神化了。彝族的神话传说中，提到远古时天地有过三次大的变化：第一次因天上有六个月亮，七个太阳，天官派毕摩下凡，用马桑枝与铁茎草扫除了宇宙的孽障。第二次是风暴肆虐，也是毕摩下凡拯救了人间。第三次洪水泛滥，天官派了三个毕摩携带经书下凡。他们各骑黄牛一头，经书便挂在牛角上。经过汪洋大水时，经书被浸湿了。经书放在青树叶上晒，被沾破了一半，所以彝文经书不全了。另有一说是被老鹰抓破了一半。因此，经书便被视为“天书”。

这里所说的“天书”，便是彝族古老文化集大成的彝经。其中最著名的彝经典籍《西南彝志》[①]，原名的意译是“影形及清浊二气”，在黔西北水西地区发现。全书共37万余彝文文字，是目前所见到记载彝族古史和文化最全面的书。该书开篇便是创世神话。

纳西族的东巴经为国际文化人所瞩目。据粗略统计，东巴经中的神祇多达2400多种，其中大神有220多个，善神60多个，恶神60多个，一般神90多个，女神20多个，胜利神120多个。此外，还有雷神、山神、护法神、半神半人、神化的巫师东巴等等。有神便有神的故事。可见东巴经中保存神话之丰富。纳西族有学者说，东巴文学的主体是神话。东巴神话与东巴祭礼互相依存。虚幻的色彩，想象的魅力，信仰的忠诚，迷茫的氛围，构成了一个人神相依、人神相通、人神难分、神为人形的神秘世界。后人正是通过这个五色绚丽的神界，窥视那逝去久远的古代社会。

可见，古神话传说，若不提各民族的作品，当然是不全面的。

下面，让我们通过一些主要种类的神话传说，来感受一下我国古老文化丰富多彩的魅力。

---

① 汉译本于1982年由贵州人民出版社出版。

二

人的自然化

人的自然化，即人向自然靠拢，人被自然同化，由此而产生了最早的动植物神话与图腾神话，后者包括在前者之中。凡是解释动植物来源及其特性的，也就是最初的动植物传说故事，起源于渔猎阶段，它们很古老。动物神话传说更古老，数量也较多。不是所有的动植物神话的神都具有图腾的性质，只有那些被视为人类祖先，被当作与氏族有亲缘关系的动植物神，才能称之为图腾。

图腾（totem），北美印第安语的音译。原始人相信某种动物、植物或无生物与同族有特殊的亲缘关系而崇拜之，被崇拜物便是该氏族的图腾。图腾主义（totemism）是母系氏族的宗教，也是原始宗教的初期阶段。图腾崇拜（totemic cult）是图腾主义的组成部分。

图腾神话传说是图腾观念的反映，图腾崇拜是原始宗教形态之一，在亚洲、非洲、大洋洲的许多民族，以及北美印第安人和澳大利亚土著中，曾广泛流行。在氏族社会早期，生产力极度低下，人们经常受到各种凶禽猛兽与自然灾害的威胁，误以为它们有灵魂，有神在起作用。不仅把万物视为与人等同，甚至因它们的力量大大超过了人，于是极力对各种“神灵”虔诚地崇拜。崇拜的对象有动物、植物、无生物，以至动物的某一种器官。他们甚至相信本氏族与某物有一种特殊的亲缘关系，图腾的子孙都会受到图腾的庇护而不被加害。为此，原始民族还创造了各种图腾艺术形象，无比神圣。有的把图腾的形象刻绘于岩山或墙壁上，有的描绘在自己的身上，有的绘制在服饰上，另有一种图腾柱，受到图腾氏族全体成员的顶礼膜拜。为了说明图腾与氏族的关系，便世代流传着有关的神话传说。图腾成为维系氏族内部团结的无形力量，图腾神话又是原始宗教口传的“神谕”或“圣经”。我国各民族这方面的作品无比丰富，最多的是动物的造型，其次是植物，无生物与动物器官的图腾比较少。

1

动物神与动物图腾

渔猎经济时期，人们与动物的关系特别密切，大至虎、豹、熊、罴，小至禽、鸟、鱼、虫，都是氏族成员的生活之源，其肉可食，皮、毛可以遮体御寒。即使是进入农耕社会以后，牛、马等牲畜为人服役，仍然与人有着密切的关系。人们离不开动物，熟悉动物，进而崇拜祈求动物，最后的目的又是为了征服动物，动物由此而有了神秘性。《山海经》便记载了众多怪异的动物神。有的为人造福，有的则为害甚深。如：

图3　当康

当康，似猪，有牙，它的叫声好像自己呼喊着自己。如果哪里发现当康，哪里就会农业丰收。（见《东次四经》）

这可能是野猪的神秘化。野猪是猎人重要的猎取对象。若能猎获一头野猪，当然是狩猎方面的生产丰收，人们进而联想农业也会因此而丰收。

鸁鱼，长着鱼的身子，鸟的翅膀，如鸳鸯的叫声，看见这种鱼必有大水灾。（见《西次四经》）

与前例相反，这属于动物神之中的恶神，象征不吉与祸害。严格说，这些都只能算动物神话的梗概，没有完整的故事情节。有的学者研究发现，最初《山海经》都有图，图失传了，流传下来的文字只是那些图画的说明，因此很简略。

把动物说得如此神异，并非毫无根据。生活中确有不少动物有益于人，青蛙、家禽、家畜都如此；而蝗虫的出现不就意味着灾荒吗；地震发生之前，有些动物会出现各种异常现象；蛇很可怕，但蛇胆、蛇皮均能入药……这些都是产生动物神话的现实基础。不过《山海经》的这类神话，有不少并没有图腾的性质，只是表现了原始初民多么渴望得到动物的帮助，同时也希望克服动物给人造成的灾难。如果说，《山海经》的简略，使我们无法得知原始神话的全貌，特别是地道的动物图腾神话可知而不可得，而在有些民族那里，却可以得到补偿。

居住在我国东北边境的鄂温克族，自称是“住在大山林中的人们”，善于狩猎、驯鹿，仍有熊图腾崇拜的痕迹。他们猎到熊以后，有一系列的崇拜仪式和禁忌：先将熊的头、骨、五脏等用桦树条或干草包好，挂在树上，进行风葬，然后向其敬烟、叩拜、做哀哭状，意思是对祖先的悼念，求得熊图腾的宽恕。

为什么鄂温克人会把熊视为祖先呢？他们的神话传说是这样解释的：

有一个猎人进山打猎的时候，突然被一只母熊抓住了。母熊把他带进山洞，强迫猎人与她成婚。猎人被逼无奈，便在山洞里和母熊共同生活了几年，直到他们生了一只小熊。后来猎人乘机从山洞中逃了出来。母熊发现猎人逃走了，便抱着小熊去追赶猎人。追到江边的时候，猎人已经乘木排跑了。母熊为此十分气恼，就把小熊当场撕成两半，一半抛向猎人，一半留在身边。留在身边的成了后来的熊，抛给猎人的就是后来的鄂温克人。①

这当然很荒诞，哪有熊会变成人的，但这便是他们远古祖先图腾观念的反映。

鄂伦春族与鄂温克族同源，"原是一个古老部落的两个亲近的分支"②，因此这两个民族流传着完全相同的关于熊祖先的神话。鄂伦春族还有一系列复杂的猎熊祭熊的仪式，其目的之一是怕他们认为有灵性的熊对猎人与分食熊肉的人进行报复。风葬时，还要唱一首风葬的歌，歌词的内容，其中隐含这样的意思：不是我们打死了你，而是你的寿命到了，自己死去的。他们称雄熊为祖父、舅舅，称雌熊为祖母。③

鄂温克族与鄂伦春族的熊祖先神话，属于比较单纯的动物图腾神话，没有与后世的其他传说故事相混在一

---

① 谷德明编：《中国少数民族神话选》第43页，西北民族学院研究所印。

② 吕光天著：《北方民族原始社会形态研究》第433页，宁夏人民出版社1981年版。

③ 徐昌翰、隋今书、庞玉田著：《鄂伦春族文学》第29页，北方文艺出版社1993年版。

起。西南有些民族此类神话更不鲜见。怒族传说，他们的始祖是蛇与蜂交配所生，藏族传说猴子与岩妖交配才有了人类。彝族崇拜的动物有虎、鹿、猴、水牛、绵羊、岩羊、獐子、熊、鼠、鹰、白鸡、绿斑鸠鸟等等。西双版纳勐腊县的克木人，直至20世纪80年代初，还保留着完整的图腾制度，形式相当原始。克木人对所信奉的图腾动物，不捕不吃，连摸一摸都认为是不敬。小米雀氏族的图腾神话说：

有一男子守旱谷地。谷子成熟了，各种鸟都飞来吃。他一天到晚就边敲竹筒边大声喊叫驱逐雀鸟。一天中午，天气闷热，他就用刀来削黄瓜吃。正用刀口往嘴里送黄瓜时，突然一群小米雀来吃谷子，他慌忙大声吼叫着赶雀，刀子将嘴划开，人死了。从此小米雀就成了这户子孙的姓氏。①

此外，有因老虎吃了儿子而自称虎氏族的，因妻子吃鸡以后得病去世而自称鸡氏族的……克木人企图以这种亲缘关系，去祈求图腾不再危害人并保护人。这种神话传说在图腾制度衰退以后很长时间都不会消失，对于后世的科学认识有极重要的参考价值。

---

① 参见赵卫邦：《略论我国西南少数民族的图腾制度》，《思想战线》1982年第3期。

2
植物神与植物图腾

植物神话一般比动物神话产生得晚，数量亦较少，因为植物大部分有益于人，对人类的威胁不像凶禽猛兽那么大，人们易于掌握，由此神秘感较少。这类神话的产生都与农业有关。

最早的植物神话是出于对植物的敬畏。有的植物高大挺拔，枝叶繁茂；有的植物耐旱耐寒，长寿不枯；有的植物冬枯春荣，周而复始，极易诱发人们向往死而复生……凡此种种，植物便能引起人们的崇敬。所以《山海经》记载的，既有对人有益的植物，也有某些危害于人的植物，恰如现实生活中确曾有的食而中毒现象。有益于人的，如：

有一座山，名叫少室，上有百草百木。其中有一种叫帝休的树木，它的叶子形状跟杨树叶差不多，枝叶特别茂盛。黄花，黑果实，人们吃了不易发怒。（见《中山经》）

由于原始人没有科学知识，凡遇有奇效或奇毒的草木，都找不到正确的解释，一概看作是神灵的作用。《山海经》所记灵异植物，据粗略统计，草药类28种，木药类23种。其中，有的吃了令人不患疑病，有的吃了不会做梦，有的吃了可以御凶，有的吃了有益于聪慧，有的吃了不饥饿，有的吃了能使人变美，有的能除疲劳；有一种叫“沙棠”的木类，食之甚至可以使人有防御水的力量，在水中不会溺死；还有的吃了不发愁，或不怕冷……总之，《山海经》中这类植物神话较多。这都是有益于人的。另外也有一些对人有害的草木类，如吃了让人忧愁、令人心疼，使人不能生育或使人耳聋等等。其中历来被人们所注意的是关于䔄草的神话。《中次七经》记：“姑媱之山，帝女死焉，其名曰女尸，化为䔄草，其叶胥成，其华黄，其实如菟丘，服之媚于人。”天帝的女儿名女尸，死在姑媱山，化成了䔄草，它的叶子双双相叠，花黄，果实名菟丝子，是爱情之果，谁吃了便被异性所爱。另外还有一种传说，即瑶姬乃天帝第三女，未嫁就亡故了，被封于巫山向阳之处，她的精灵化为灵芝草。（见《水经注 · 江水》）瑶姬就是长江三峡巫山神女的雏形。她的形象，后来不但进入了古典文学，而且至今民间仍在流传：最早是植物神，人格化以后成为天女，又成为巫山神女，并将她附会在三峡的一块高耸入云的巨石上；都说那块巨石是巫山女神，她好似远眺江边，在等待什么人。

汉文古籍中与农业有直接关系的、最著名的神话形象是神农。据说神农因为尝百草的滋味，有时一天便中毒70次。（见《淮南子·修务训》）这是虚数，意思是神农为了辨别百草的性能，肯于自我牺牲。也有的说神农常带着一条赤色的神鞭，用此鞭鞭百草，便能辨别百草是平和、有毒、或寒、或温，根据这些性能再播种百谷。（见《搜神记》）说明这位农业神，最初尝百草的目的，其实是为了寻找粮食种子。

远古时期，随着人口的增加，仅仅靠狩猎已不足以维持生存，还需要开拓其他的衣食之源，农业由此而产生。有关农业的神话传说，集中体现了当时人们寻找谷种之艰巨，一日之中多次中毒又解毒，从而发现了草木的医药作用。人们能得到某些植物药，不能不说是寻找百谷的副产品。植物神话中，谷神应该早于医药之神。植物神中地位最高的也应该是谷神。

汉文古籍缺乏原始谷神的记载，但我国云南的佤、傣、景颇等民族却有这方面的遗风，盛行祭谷魂。佤族神话说，谷神最初被神藏在海水底下，是蛇将尾巴插入水中取出来的。原先天地不分开，因为惊天动地舂新谷，天空再也压不住群山，只好高高地升起，与大地分开。可见谷种的发现，在人类文化史上起过多么伟大的作用。虽然这种作用曾被大大地夸张，以至被神化，但这正说明谷种是人类最早发现的，而又最具强大威力的神圣植物。傣族的歌谣《叫谷魂》将原始人类的这种感情表达得很充分："谷魂啊，你是王；谷魂啊，你是主。……一粒谷，胜过千两金；一粒谷，胜过万挑银。生命靠着你，人类靠着你！"[①]景颇族每年丰收以后，将谷物从场地运回家之前，要举行一种"叫谷魂"的仪式。祝词说："人看不见的，谷子能看见；人不能做的，谷子能做。跑到别的地方的谷魂要回来啊！"他们认为那些在打谷时因受惊跑了的谷魂，可以被叫回来。

因为生活太艰苦，人们也存在某些离奇的幻想。比如瑶族神话说，古代的谷粒曾经有葫芦那么大，一颗米重几两，不需要播种，它们自生自长，成熟以后，便顺着大道小道滚进各家各户的粮仓。因此大家都不愁吃，逐渐懒起来。谷神一气之下，回到天上去了。人们费尽周折，把谷神重新请回地上，可大谷子都变成了小谷子。

除了对谷神的崇拜，在母系氏族图腾制占统治地位的时期，因为碰上某种大幸运，或遭受某种意外的不幸，恰恰与某种植物发生了偶然的联系，这种植物便有可能成

① 岩温扁、岩林译：《傣族古歌谣》第161—162页，中国民间文艺出版社1981年版。

为图腾。如《维吾尔史略》曾讲了一个树祖的故事：在土拉（今图勒）和色楞格两河汇流的忽木阑术地方，有两棵连枝树，两树之间有一小土堆，土堆渐大，内有五室，每室坐一婴儿，当地人认为是天赐小儿；待他们长大以后，大家推举其中最小最聪明的那个当首领，树之子把部落治理得很兴旺。

有的地区的藏族传说，斑竹被吹倒以后，里面有一漂亮的女孩。彝族传说，他们的祖先是从竹筒里爆出来的，《华阳国志·南中志》与《后汉书·南蛮西南夷列传》均有大同小异的记载。大意都是说一妇女在水边得三节大竹，内有男婴，养大后，武艺高强，自立为首领，以竹为姓氏。有的又说，三兄弟避洪水，三弟的避水木桶被一丛刺竹挡住而得救，才保留了人种。壮族亦有人出自竹子的传说。黔东南的苗族则崇拜枫树，把枫树视为人的祖先。殷代的开国功臣伊尹，因出身卑贱，人们为了使他的出身跟所处地位相称，传说他的母亲在逃避水灾时，变成了一棵空心桑树，伊尹便是从这棵空心桑树里出来的婴儿。（见《吕氏春秋·本味》）所有这些，有的本身便是植物图腾神话，如彝族对竹子的崇拜和苗族对枫树的崇拜；有的则是图腾崇拜的遗风，是后人借用古老的神话，将自己的祖先或历史名人神圣化。

3
综合图腾神

图腾物有动物、植物和无生物，但以动物居多。几种以上的图腾物的合体构成了综合图腾神的形象，这种图腾出现很晚，大约在原始社会末期到阶级社会的过渡阶段。那时，强大的部落兼并了一些小的部落，但是，在军事上的征服可以靠武力，在意识形态上的征服，却不能只靠武力。图腾作为氏族部落的标志，是全民的象征，随着军事兼并之后必然出现的氏族部落大融合，原有的各种图腾基本上已完成了历史使命，代之而起的是能体现多族融合的新图腾。这种图腾是以兼并者的图腾为主体，融合被兼并者的各种图腾而形成的新的综合体。我国上古时期的综合图腾以龙和凤的影响最大，对中华民族的统一和团结曾发挥过积极作用，同时又是中华文明的象征，在文化史上有难以动摇的地位。另外还有一种麒麟，在民间文化中长期的影响也不能忽视。

（1）龙

中国的十二生肖，只有龙是世间不存在的想象的动物，其他都是生物界实际存在的动物。为什么我们的老祖宗会想象出“龙”这一造型？而且关于它的来源与构成，各有各的理解。究竟应该怎样认识它呢？

龙的雏形在新石器时代晚期就已萌芽，是以夏族图腾为主体虚拟的想象物。古人对它有种种解释。有的说螣蛇没有脚而能飞（见《荀子·劝学》）；有鳞的叫蛟龙，有角的叫虬龙，无角的叫螭龙（均见《离骚》洪兴祖补注引《广雅》），有翅膀的叫应龙（《天问》王逸注）。有的说龙像狗像牛，《论衡》则说：“龙之像，马首蛇尾。”还有的说龙的形状是鹿的角，牛的耳朵，驼的头，兔的眼，蛇的颈，蜃的腹，鱼的鳞，鹿的脚掌，鹰的爪子。这显然是晚期发展了的龙的形象，比最初的龙越来越复杂，被综合进去的图腾也越来越多，说明它在不断丰富发展。对于龙的主体原型的探讨，学者们作过许多有益的研究。有鳄鱼说、蜥蜴说、马说等等，但普遍认同龙的基调是蛇。最初系统提出这一见解的是闻一多的名篇《伏羲考》。龙即大蛇，蛇即小龙。闻一多认为，蛇氏族兼并别的氏族以后，“吸收了许多别的形形色色的图腾团族（氏族），大蛇这才接受了兽类的四脚、马的头、鬣的尾、鹿的角、狗的爪、鱼的鳞和须”，而成为后来的龙。后人在闻一多研究的基础上，作了许多丰富与补充。

图4　应龙

考察龙，首先要弄明白，究竟什么是其基调、主干或主体原型。简单概括一下，就是从龙一出现的初期，一直延续下去，恒定不变，而且是构成龙的主体部分，缺了

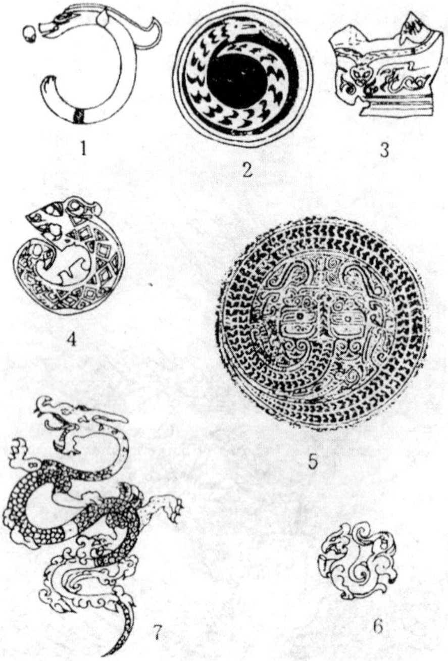

图5　龙的演变

它，龙就不成其为龙，这才是龙的基调、主干或主体原型。在龙的身上，倘若抽去了蛇的躯体，那龙便不再存在了。龙变来变去，头有时像鳄鱼，有时又像马；它的脚有时像蜥蜴足，有时又像狗爪；唯有蛇的修长的身子从未变过。远古，崇拜蛇的氏族部落很普遍。蛇有很强的生命力，经过蜕皮，又能重获新生。这种顽强的生命力，正符合原始先民的愿望。蛇对人又有很大的威胁，尤其是毒蛇，能置人于死地，使人畏惧。《山海经》中各式各样的神，有不少便是蛇身或龙身。蛇本身便具有多民族性，用现代话说，便是那时的蛇崇拜，很有群众基础，以蛇作为龙的主体，这种民族大融合的标志，即使被兼并者也愿意接受。中国龙的正式形成，大概开始于夏禹时期。禹巩固了在中原的地位以后，以蛇结合其他部族图腾而创造龙的社会条件已成熟。龙是适应国家的出现而被造就的。因为蛇崇拜的覆盖面大，以蛇作龙的主体，能得到炎黄后裔南北各民族的认同。龙是多元文化的结晶，一旦形成，便牢固树立了它作为中华民族象征的权威地位。

（2）凤

凤凰是神鸟，鸟中之王。古人说，雄的叫凤，雌的叫凰。以后，凤凰合称；再以后，龙凤相配，凤便成了宫廷后妃的代称。

根据神话传说，凤是从东方殷族的鸟图腾演化而成。《山海经·大荒西经》提到有一种五彩鸟，有三种名称，叫皇鸟、鸾鸟及凤鸟。《山海经·南次三经》记载了一种鸟，样子像鸡，有五彩的花纹，叫凤凰。说明凤凰的形象一开始便是很美丽的。以后，它也跟龙的形象一样，愈往后愈复杂，有了鸿头、麟臀、蛇颈、鱼尾、龙纹、虎背、燕颔、鸡喙。（见《说文解字》）它飞翔的时候，由于有至高无上的德行，以至雷不鸣，风雨不兴，河川不涨水，草木不摇摆。（见《淮南子·览冥训》）非梧桐不栖息，非竹实不吃。（见《诗经·大雅·卷阿》）它自歌自舞，见到它意味天下太平。它为群鸟之首，追随者以万计。凤凰死在一座山上，群鸟每年七八月到这里来吊唁它，过十七八天才散去，故此山叫“吊鸟山”。（见《水经注异闻录·鸟吊》）凤是百鸟风采的综合与升华，它的原型不外是阳鸟、鹰鹞、孔雀和鸡四大类。

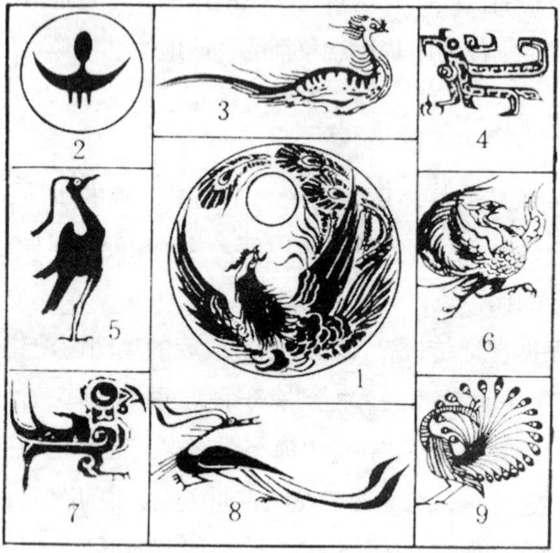

图6 凤家族

1. 丹凤朝阳 2. 踆乌 3. 鸾鸟 4. 鸷鸟 5. 鹄 6. 凰 7. 玄鸟 8. 朱雀 9. 孔鸟

北方民族对禽中之王——鹰很崇拜。我国凤的定型化和规范化，是在辽、金、元以后，原以鸡、雀为基本形态的凤发生了很大的变化，尤其是那一双强劲的翅膀，鹰姿突出。我们现在从艺术品上常见的凤，实际是清代以后的形象，集鸡冠、鹰目、鹰颈、鸡身、孔雀翎、鸳鸯羽、鹰爪、雉尾等于一身。它的基调不似龙那么恒久、稳定。

神话中的凤凰体现了中华民族由原始走向文明，由分散走向统一的历史趋向。今天，文学艺术再创造的凤凰却有了全新的意义，有的是摧毁旧世界的号角，如郭沫若的《凤凰涅槃》；有的则象征生命的最高境界，被称为“火中凤凰”，经过烈火的燃烧和考验而再生，便有了全新的意境。

（3）麒麟

“麒麟”二字以“鹿”为偏旁，古人造这个词的时候，便明白无误地告诉人们，麒麟由鹿演化而来，但它又绝不是鹿，比鹿多了一些零件和装备。据说它的身子像麢，也可以写成麕，古籍中指獐子。牛的尾巴，圆的头顶，却只有一只角。有的说麒是雄的，麟是雌的，形状被描绘得略有不同。但据说麟的形状大略像鹿，麒与麟相似。可见基本形态都近似于鹿。它被古人视为神兽、仁兽，长寿，能活两千年。能吐火，声音如雷。“有毛之虫三百六十，而麒麟为之长。”(《大戴礼记·易本命》)这里的“虫”泛指兽类，犹如《水浒传》的英雄叫老虎，是“大虫”。“虫”是吉祥神兽，主太平、长寿。鹿本身便是兽中驯良者，有力，善跑，角有药用价值，肉能食，皮制成皮革亦很珍贵，大有益于人。传说中的白鹿尤有神性。民间有麒麟送子之说。麒麟是以鹿类为主，融合了牛、羊、马的特点。它的综合面不及龙、凤那么广泛，不过名气也不算小。对麒麟的研究亦不如对龙凤文化的研究那么火爆，它的始作者究竟是谁，其源流怎样，还不是很清楚，有学者推测可能是周民族的祖先，因为周人原居西北，那时的西北，水草丰美，适宜鹿类的生长。

（4）结束语

神龙与神凤的形象被塑造成以后，已经不只是代表夏、殷两个民族的标志。龙、凤相结合，成为中华民族文化的重要开端，只是到了奴隶社会与封建社会，龙、凤被最高统治者所攫取，便失去了原来的图腾综合的意义，而成为最高统治者帝王、后妃的象征。性善的麒麟，在权力角逐中，被挤到了民间，老百姓期望它带来丰年、福禄、长寿与兴旺的后代。

三

人类的起源

前面所谈的图腾神话，主要是追溯民族的起源，又可称之为族源神话，应该属于人类起源神话的一部分。由于它们与动植物关系密切，产生最早，而且信仰的因素特别浓厚，因此成为一个独立的门类。通常所说的人类起源神话，虽然也不能排除神秘的崇拜色彩，但它们已有某些合理的内核，比较富于历史感，神话的质相对削弱，传说的质相对增强，有一定程度的可信性。如果说图腾兴盛的时期，人们还被大自然所主宰，而由此出现了各种野蛮的崇拜和自然的迷信，那么随着生产力的提高、社会的发展、图腾制的衰退，人们与自然的关系也有所变化。这时，人们已经有了初步的征服自然的力量。虽然他们还不能完全摆脱图腾崇拜的影响，但是也不像以前那么蒙昧，盲目膜拜自然物。他们开始崇拜人类自己，于是在宗教领域，逐渐由图腾崇拜转化为祖先崇拜。与此同时，在神话传说领域便出现了一批祖先神，发展的过程是由半神半人到完全的人格化；由女祖神到男祖神。原始初民根据直感、经验与猜测，去探索人类自身的起源。尽管人类来自于大自然，可是人类的出现，却完全改变了大自然的面貌，因此人类起源的神话传说是世界性的创世神话的基本主题，揭开了人类文化发展史上人定胜天（自然）的第一页。

1
由女神到男神的祖先崇拜

母系社会实行男嫁女娶，只知其母，不知其父，姓氏均依母系，由一个始祖母传下的后代，仍以女儿为中心，组成若干个后代女氏族，由女儿继承母亲管理家庭的生活和生产。男子成年以后，必须到外氏族去结交女友，可与女友同宿，次日仍回到母亲家参加劳动。这时的婚姻关系不是稳定的，一个女子可以与不同的男子同宿，一个男子可以结交不同的女友。因此女子生下的子女，都属于母亲家庭的成员，并不知道谁是自己的父亲。正如《吕氏春秋·恃君览》云："昔太古尝无君矣，其民聚生群处，知母不知父。"这就是母系氏族的状况。

即使女性自己也弄不明白是因为何种原因生育的，既无科学知识，又仍未完全摆脱图腾信仰的桎梏，加以人们总希望自己的祖先或后代都应该出身神圣，由此对受孕便作出了各种奇异的解释。在上古神话传说中，为大家所熟悉的契诞生的故事便比较有代表性。

契是商族的祖先。传说契封于商地（今河南商丘）。契的后裔商汤灭夏，建立了商朝，传到盘庚，迁都殷（今河南安阳）。此后，便殷商并称。殷人对契的崇拜，还保留在商族的祭祖颂歌中，《诗经·商颂·长发》说：玄王契真是英明而刚强，与小国交往，也与大国交往。沿着大道向前，巡视各地，弘扬教化（原文是：玄王桓拨，受小国是达，受大国是达。率履不越，遂视既发）。为什么称契玄王，是因为他的出生与玄鸟有关。传说玄鸟是上天派下来的，它生下了商的祖先，住在茫茫的殷地。（见《诗经·商颂·玄鸟》）过去都说玄鸟是燕子的神化，然而也有说其是神化的雉类。我们不妨理解为泛指神鸟。

契的母亲叫简狄（《史记·殷本纪》）。简狄出身于有娀氏，是长女。有一天，简狄姊妹们在玄丘河洗澡，恰好有一只神鸟衔着一个蛋飞过，忽然，蛋掉下来了。这是一只有五彩花纹、十分好看的蛋。简狄拾起，含于口中，不注意吞了下去，后来便怀孕生了契。（见《列女传》）还有的说，她把蛋放在玉筐里，用红衣盖上，回家后放入怀中，一年以后有了身孕，怀胎14个月才生了契。（见《拾遗记》）

这位简狄，没有丈夫，是独自吞鸟卵或像鸟类那样孵卵生下契的，有鸟图腾神话遗迹，然而本身却是以人的始祖母与物的结合而有孕的神话，女神取代了图腾神。以后，这一神话逐渐与历史结合，说契长大后，帮助夏禹治水建立了功劳，帝舜便任命他当司徒，掌管教育，封在商的地方做官。(《史记·殷本纪》)

图7　玄鸟生商

这一神话发展下去，传说的成分越来越多，简狄与她的姊妹开始贵族化，并且成了北方乐歌的创始者。还有的说，简狄当了帝喾的第二个妃子（《吕氏春秋·音初》）。她与姊（妹）两人居住在一座九层高的楼台，饮食的时候，一定要奏鼓乐。天帝派燕子去探望，嗌嗌地叫个不停。两个姑娘很喜爱它，用玉筐将它罩住。顷刻，打开一看，燕子留下了两个蛋，向北飞走了，再也没有回来。简狄姐妹两人唱道："燕子飞走了啊！"这就是北音的开始。这位简狄已经由女神演变为一位民间少女了，毫无图腾的踪影。

类似的神话在汉文古籍中不鲜见。有的因碰到了河中漂浮的一根木头有所感触而怀孕；有的说某妇女因踩了巨人的脚印而怀孕；有的因见流星出现而生子；有的因与龙结合而有孕……凡此种种，很难说都是原生形态，其中有的（如与龙交）是后人为神化某一历史人物而伪造的，说明感孕神话在文明社会仍旧有影响。这类神话传说登上历史舞台，意味人对自身的起源想知道一个究竟。当然还是荒诞的解释，不过确实已跨进了一大步，扮演主角的已不是图腾，而是母亲，是人类的"半边天"——女性。这时候，人们至少已经模模糊糊知道人自身是来自母体，只是还少不了图腾物的作用。人们已不相信人是单纯地源于某一图腾物。在原始社会，这个发现便算是很了不起了。

自从人类进入父系氏族社会以后，男性祖先取代了女性祖先的地位。在生产、经济和生活，以至宗教领域里，男性都取而代之，唯有一件事，是男性永远也取代不了的，即生育后代。然而繁衍后代关系到一个部族的生存兴衰，伟大而神圣。男性为了争得这最后一块地盘，认为男子跟女子一样，不需要异性，同样能生育子女，因此中外神话都有男人生孩子的传说，还产生了相应的风俗。13至14世纪意大利的旅行家马可·波罗，曾经这样写过他在云南地区的见闻："这地方的人，流行一种奇异的习惯。孕妇一经分娩，就马上起床，把婴儿洗干净包好后，交给她的丈夫，丈夫立即坐在床上，接替她的位置，担负起护理婴儿的责任，共须看护40天。孩子生下后，一会儿，这一家的亲戚、朋友都来向他道喜。而他的妻子则照常料理家务，送饮食到床头给丈夫吃，并在身旁边哺乳。"①这正是男子企图争夺生育权的心理在风俗上的表现。由此可见，两性之间曾经有过争夺生育权的斗争。

这种有趣的社会现象在我国的神话传说里有生动的反映。高山族是这样解释人类诞生的：古代，一块巨石裂开，从中走出一个男子。海浪汹涌，海涛奔向竹林，一根大竹突然裂开，从中也跳出了一个男子。这两个人兴趣相

---

①　陈开俊等合译：《马可·波罗游记》第148页，福建科学技术出版社1981年版。

投，形影不离，在睡梦中彼此的膝头相互摩擦了一下，一人的右膝生出了一个男孩，另一人的左膝生下了一个女孩。这一男一女，便是雅美人的祖先。雅美人，分布于台湾岛东南约70公里的兰屿岛上，人口有4000多人。他们这一神话的内容很古老，所谓两膝相擦生孩子的男神，实际是两个不同氏族的象征。也就是说，以巨石为图腾的氏族与另一个以大竹为图腾的氏族的后代实行外婚制。按生理特点，应是一男一女结合生育后代，然后他们的后代再相配。到父系社会以后，女神一变而为男神，所以成了两位男神结合生子的奇谈。

由女神变男神的情况在古代神话传说中，几乎是常见现象，最值得一提的是满族《天宫大战》中这方面的内容。《天宫大战》是萨满教神谕中与萨满口头上流传的史诗性的长篇神话系列，满语叫“乌车姑乌勒本”，汉语意为“神龛上的故事”。它描述了神界一个庞大的女神谱系，最早出现的是三姊妹神：阿布卡赫赫，意谓女天神；巴那姆赫赫，意谓地母神；卧勒多赫赫，意谓女光明神或星神。“阿布卡”即天，“赫赫”即妈妈。满族称她们是三位宇宙大妈妈神。此三神虽无明确的统属关系，女天神阿布卡赫赫无疑更突出。她们永生永育，所以世界上最先有的全是女人。以她们为首的300多位女天神，全部是善神。不知道过了多少万年，女神们内部发生了分化，出现了一种自生自育、男女合体的神。这种神一出现便成为反抗女神世界的冲击力；再过许多许多年代，这种合体神终于变成了男神，与女神们争夺宇宙大权。男神被女神们称为恶魔，因为有自生自育的能力，恶魔也就越来越多。双方展开了残酷的战斗，故叫“天宫大战”，也就是神界之战，又是女性社会与新兴的男性势力的较量。

阿布卡赫赫经过千难万劫，虽然暂时打败了她的对手恶神耶鲁里，也还是改变不了历史的命运。又不知过了多少年代，这位女天神本身竟逐渐转化成了男天神，改称为阿布卡恩都里。从此，他成为宇宙之主，享受人间的祭祀。此神已有专横独断的特点，酷似英雄时期的部落首领。

看来，神界确实是人间的折射，男神夺女神之权多么不容易，达到六亲不认、你死我活的程度。战斗惊心动魄，对战败者的制裁严酷无情，与古巴比伦神话中的儿弑母、古希腊神话中的子弑父相比，是异曲同工。

2
神造人

神造人，其实也就是人造人。由图腾的子孙到人与物相结合而孕育，人为主、物为辅是一大进步；人摆脱物，能独立造人，是更大的进步。人的自我创造，也是社会前进的表现。造人的神，最初是女性，然后才是男女神相结合，这就愈加接近了事物的本来面目。

女娲，是古神话传说中著名的大女神。传说她人面蛇身，表明她原是属于蛇氏族的始祖母。在开天辟地、没有人类的时候，她用一团团的黄泥捏成人。因为她想做很多的人，感到很吃力，便拿了一根绳子，伸入泥土中，一甩一甩地，凡是有泥掉落的地方，便有一个人。（见《太平御览》卷七八引《风俗通》）

用泥造人的想象不是毫无依据的幻想，说明人类已进入制陶阶段。制陶术的造型艺术，在人类美术史上留下了光辉的一页。这一艺术的发明者和操作者，开始都是妇女，后来才是男子。泥既然能够用来制造各种实用美观的日用器皿，怎么就不可以造人呢？由于原始初民的万物有灵论仍继续在起作用，这样，他们便认为泥人也跟真人一样有灵魂、能活动，这就是他们认为泥人能转化为真人的心理依据。傣族有神用身上的污垢造人之说，污垢，不就是人身上的泥吗？用污垢搓成人和用泥造人，在原始人心目中，完全可以相通。

哈萨克族的神用泥造人是神创世活动的一部分。据说，他们的创世主叫迦萨甘。此神的形貌很具体，四肢、五官齐全，能说话，与人相似。他造完天地之后，在大地的中心栽了一棵“生命树”。“生命树”长大以后，结出的果实是“灵魂”，似鸟，能飞。迦萨甘用黄泥捏了一对小泥人，晾干以后，又在泥人身上剜了肚脐眼，然后从“生命树”上取下灵魂，往泥人嘴里吹，这对小泥人便活了，一男一女，这便是人类最早的始祖。这一神话比女娲造人更完整，已进入男女相配阶段。但它的起始部分，用泥造人，跟女娲没有什么不同。

再往前跨进一步，人神不但造人，而且还造出各种动物。真有意思，说明人已经不承认自己是什么图腾的子孙了，因为他们认为各种动物及其他生物也是人神所造。气魄越来越大，已经很有人为万物之灵长的派头。布依族的神话故事《人和动物怎么产生的》便很形象地反映了人类发展的这一过程：荒古之际，茫茫大地，没有一个人。

天神们厌恶天界的生活，决心去地上游玩。可是地上太冷清。第一位神，用树干削成人形，向其呵气，成了活人，便用此法削成了长短不等的千千万万的人。第二位神造出了牛和马；第三位神造出了狗与猫；第四、第五两位神也用树干造成了其他各种动物。从此，大地上热闹无比。[①]

用木削人，是对能工巧匠的夸赞。壮族有一则传说《巧匠造木人》，说到古时候因为人太少，有一位木匠便到大森林去造人。他造的人不但与真人分不清，而且跟他自己一模一样。他的儿子去给他送饭，只要喊一声“爹”，所有的木造人都齐声回答。说明其技艺之高超。

神话中的神造人，与原始巫教的模仿巫术分不开。巫术是一种文化现象，属于原始宗教的一部分。最初的巫术是原始初民与自然作斗争时的一种补充手段。随着人事关系的复杂化，巫术后来也用于社会斗争，是人类祖先求生存的辅助手段。模仿巫术是施行巫术的重要方法之一。举个例子，人们要征服酷热，希望射下炙人的太阳，他们便模仿太阳的形状，造个或画个人工的太阳，用箭去射，射中了，他们便认为太阳被射落了，能达到消暑的目的。一旦发生巧合，下了一场暴雨，降温了，他们就更加坚信巫术的力量。《红楼梦》的赵姨娘，为了害贾宝玉和

---

① 谷德明编：《中国少数民族神话选》，西北民族学院研究所印。

王熙凤，便请道婆行使过类似的巫术。这两个例子，方法相同，目的意义大不一样，前者是早期巫术，有积极征服自然的一面，后者则是巫术衰落期的活动，纯属于迷信，发生了本质的变异。所谓人神的造人类、造动物，作为原始宗教是信仰的表现，用语言加以描述、表达便是神话。巫术是形式，积极性有一定限度，所以后来成为迷信的根源。神话是内容，后人可以尽力吸收其进取、积极的精神，增强生存的信念与力量。

无论是用泥，还是用木，或用其他的原料造人（瑶族分支布努瑶的神话说，始祖母密洛陀是用蜂蜡造人），几乎都没有找到人类起源的正确答案。这类神话的价值，主要是折射了人类生产技能在不断提高。

3
人类再生

人类再生的神话传说，一般由这样几个部分所组成：人类遭到一次毁灭性的洪水灾害；留下的人种是一对兄妹或姐弟，也有的只留下孤身的男性；兄妹结婚或姐弟结婚传人烟，或人与天女结合再生人类。这一种神话在世界上众多民族都曾有流传，故事基本结构相似，只是细节各有不同，都明确提到人类的诞生和延续，同两性的结合分不开。我国各民族这样的作品很多，内容大同小异，有的篇幅比较长。这里只能选择短小而有代表性的加以评论。

关于女娲兄妹的故事：

太古，混沌初开之际，有女娲兄妹二人，住在昆仑山上。那时，地上还没有其他的人。他们结为夫妻，又觉得很羞耻。兄约妹登上昆仑山，祷告上天："天若要我们俩结合，那就让烧柴的两股烟合拢来；若不让我们结合，那就让烟散开。"于是烟合拢了，妹妹便到哥哥身边去了。他们用草编结做扇子，遮住自己的脸孔。（见《独异志》

卷下）现代的人结婚，有的新妇用扇遮脸，就是从女娲这里学来的。

这里没有说明女娲的兄是谁。但我们从另外的古籍资料中得知这位既是女娲兄长，又是她的丈夫的男性，便是神话传说中鼎鼎大名的伏羲。有的说："女娲，伏羲之妹。"（《路史·后记二》注引《风俗通》）有的说："女娲本是伏羲妇。"（《全唐诗》卷三八八卢仝诗《与马异结交诗》）这位伏羲人首蛇身，与女娲同属蛇氏族，由大风所生，所以又姓风。

这则女娲、伏羲兄妹婚的神话传说，实际是被后人修改过的不完整的片段，其中没有洪水毁灭世界和再生人类的内容，只追忆了人类的血缘近婚。用扇遮脸，纯属后来人的观念。这个古老的神话传说影响却不小。在中原，汉族局部地区与南方一些民族都继续流传，并与洪水传说和人类再生连接在一起。他们得以脱生的避水工具，大都是一只大葫芦。瑶族的《伏羲兄妹》便是这一神话传说的活型态。故事大意是：

伏羲兄妹的父亲张天师，怪雷公刮风、打雷、下雨，趁雷公跌倒时，捉住了雷公，交伏羲兄妹看守。雷公好言相求，得兄妹救助，脱身逃回天上。走前，送兄妹一只大葫芦。雷公为了报复，下了七日七夜的倾盆大雨，一切生物都被淹死，只留下葫芦里的这对兄妹。雷公劝他们婚配，他们不愿意，先后去问了竹子、乌龟。竹子和乌龟都认为他们应该婚配。兄妹还是不愿意。他们又从山上往山下滚磨盘，哥哥在东山，妹妹在西山，各推下一扇磨，竟意外地相合，不得已只好婚配。婚后生下一肉瘤，剁成细末，撒向四方，肉末都变成了一个个的人。这些人耕耘播种，恢复了大地原有的生气。

这里的女娲已隐去姓名，只有伏羲的名称。伏羲的地位比女娲更重要了。男权已高于女权。值得注意的是，通过各民族神话的比较研究，我们发现伏羲和女娲早已成为多民族共同的祖先神。

这类神话，洪水之灾可能是后粘连上去的，兄妹婚与人类的再生是主体。因为水灾只是当时难以控制的自然灾害之一，火灾、地震、雪崩、火山爆发等等，都可能使某一局部地区遭到毁灭性的打击。神话常将洪水与之相连，那是因为一片汪洋，视野狭隘的原始人便以为整个世界都毁灭了。实际上一个民族被淹没，其他许多民族不见得有洪水，一则神话反映的是特定民族的现实生活，这个民族的神话若被另一民族接受，不但必须具备诸多历史因素，还有一个长期融合变化的过程。洪水因为带有普遍性，至今，我国干旱的北方，闹起水灾来不照样浩浩渺渺吗？因此这类神话本身便具备了世界性的先天条件。

而在血缘近婚再生人类的神话中，也出现过两代人之间的婚配，或母子婚，或父女婚。当然，它们的内容更古老，更不容易被进化了的人们所接受。所以它们流传下来的很少，大概逐步被血缘近婚的兄妹婚所取代。人类愈进步，连兄妹婚也认为是悖理的，因此一般又加进了兄妹或姐弟双方都不同意，或单方顽强抵制，经过神判的方式，才勉强结合。再后，干脆讳避兄妹之说，含含糊糊地说是一男一女。苦聪人的神话说：古时候有棵神树，越长越高大，把天空、太阳全遮住了。一个妇女用火把它烧光了，但从树根处冒出一股洪水，淹没了人类。有一男一女，逃脱了灾难。他俩结婚，人类才又发达起来。

洪水遗民再生人类的神话传说，有较高的历史认识价值：第一，这是人类社会进入农耕为主时期的作品。狩猎民族的流动性较大，而农业民族是不能随便迁徙的。自然的变化，旱涝之灾，人们特别敏感，加以当时人类的活动范围有限，地广人稀，抗灾力量很弱，每次水患，必将给人们留下深刻的印象，用神话的方式不断地追述。第二，根据民族学资料，人类确曾经历过血缘婚阶段。也有学者否定人类曾有过血缘同辈婚，但未产生很大的影响。同辈血缘婚并不是一个兄弟固定与一个姐妹相配，而是同辈的兄弟姐妹可以互为婚姻。神话传说中常以一对兄妹或姐弟的婚配出现，那是因为在观念上已受到后世的影响，从艺术角度去看，无非是对同辈互婚的一种象征或概括。

第三，人类再生的作品产生时，人们不仅从经验中体会到血缘近婚的危害，而且从伦理道德出发坚决拒婚，说明这时人类已迈进了氏族外婚阶段。人类再生神话，也可以说是远古人们在前进过程中，婚姻一步步走向文明的缩影。

4
猴与人

人类由古猿进化而来的结论，是近代解剖学、胚胎学、考古学、体质人类学的重大成果。原始人为什么也有猴子变人的观念呢？也许是因为猴子智慧、灵巧，所以对其崇拜。神话中的猴子变人，是信仰的产物，不是科学的产物。其中的某些因素，客观上对后人可能会有启发。

珞巴族的神话故事《人为什么和猴子不一样》，不但说到猴子能变人，还说到并不是所有的猴子都能变人，只有那部分吃熟食的猴子才有变人的可能。他们说，世间有两种不同的猴子，一种是白毛短尾巴的，没有变人；另一种是红毛短尾巴的，因为发现击石能取火，从此便不再吃生东西了，身上也不再长毛，尾巴日渐由短到消失，于是变成了人。[1] 藏族有猕猴变人的神话，不过已经被佛教文化所改造。传说猕猴是观世音菩萨的徒弟，有的说此雄猴

---

① 见于乃昌整理的《珞巴族民间文学资料》，西藏民族学院科研处印。

与佛神中的度母[①]化身的雌岩猩结为夫妇，成为人类的祖先，也有的说此猴被一罗刹女（魔女）诱逼成婚，猴不愿意，罗刹所变之女便威胁说："你若不娶我，我便自杀。"猕猴去向观世音求救，观世音命其婚配。婚后，生下了六只小猴，三年，增加到五百。猴子们因为以大地自生自熟的谷类为食，不久，尾巴短了，能说话，还知穿树叶衣，于是便有了人类。彝族和布依族的史诗，都提到猴子是人类的祖先。

这些，与后代科学的发现，只是不自觉的巧合。不过，也能说明原始祖先对自身来源的好奇、探索、解释，基本特点是荒诞的外衣下，包含若干合理的内核。猕猴神话的根底仍属于图腾崇拜的范畴。

① 度母，藏传佛教密宗一种女神的类称。

四

人化的自然

在原始社会，人与自然的关系，经历了两个不同的阶段。最初，因为生产力非常低下，人被自然所统治，不得不屈服于自然，甚至向自然献媚，甘当自然界的有生物及无生物的子孙，祈求自然力的保佑。这就是原始宗教的初期阶段，也是前面反复提到的图腾制时期。这个时期的人，是人的自然化，即人向自然靠拢。待到人类生产力有一定的提高，人与自然的关系，位置便发生了变化。人们不再甘心当自然的奴仆，而要当自然的主人。他们企图了解自然、同化自然，使自然向人屈服，最后达到控制自然的目的。为了实现这一宏愿，原始人开始将自然人格化，即在神话中让自然向人靠拢。

于是，原始人心目中的世界，不但天象地理处处有灵，且草木亦有情。一切都有生命、有灵性、有神。民族学上划分的野蛮时期，考古学上划分的新石器时期，正是精灵与神话之神的黄金时期，不但数量多，而且异常活跃。这正是原始神话传说创作的高潮，人类的智慧和才能，借助想象的翅膀，初次发挥到极致。这个时期的神话，令人目不暇接，惊叹不已！

1

宇宙开辟神

对于宇宙奥秘的探索，并非文明社会人们的专利。早在原始社会，人们已经产生了强烈的兴趣。为什么天和地是分开的，为什么有白昼与黑夜，为什么会有电闪雷鸣、刮风下雨，为什么会有不同冷暖的四季……他们都想知道原因。“开辟神话就是解释天地何自而成，人类及万物何自而生的神话。”[①]屈原的诗篇《天问》一开始便提出了类似的一连串问题：请问，关于远古的开头，谁个能够传授？那时天地未分，能根据什么来考究？那时混混沌沌，谁个能够弄清？[②]（原文：曰遂古之初，谁传道之？上下未形，何由考之？冥昭瞢闇，谁能极之？）

有什么在回旋浮动，如何可以分明？无底的黑暗生出光明，它们的来历又从何处？阴阳二气，渗合而生，它

① 茅盾：《神话研究》第32页，百花文艺出版社1981年版。

② 郭沫若的译文。

们的来历又从何处？穹窿的天盖共有九层，是谁动手经营？这样一个工程，何等伟大，谁个是最初的工人？[①]（原文：冯翼惟象，何以识之？明明闇闇，惟时何为？阴阳三合，何本何化？圜则九重，孰营度之？惟兹何功，孰初作之？）

屈原不可能像我们现在这样历史地、科学地去认识神话，因此提出了许多疑问。这些疑问确也透露了原始初民曾经塑造过顶天立地的创世英雄。

根据神话发展的规律，应该是先有女创世神，再出现配偶神，最后被男创世神一统天下。由于汉族形成时，神话时期早已逝去，而是男权的天下，女神已经没有地位，不是被迫改变性别，便只好当某一位男神的妻。因此在汉文古籍里，那种纯粹的创世女神已经找不到了。这个时期，即使人类的始祖母女娲，也没有资格承担创造宇宙的重任，而是为修补宇宙，为巩固开天辟地的成果，作出了伟大的贡献。《淮南子·览冥训》与《列子·汤问》都有具体的记述，综合起来，内容是：

上古时，天穹的四周突然坍塌，九州大地开裂，天不能覆盖大地，大地不能承载万物；火焰熊熊不灭，洪水浩渺，翻滚不停。猛兽吞食人类，鸷鸟攫取老弱。于是女

① 郭沫若的译文。

娲铸炼了五色石去补苍天，斩下大龟的四足当顶天柱。她为了拯救中原众生，杀死了黑龙，用芦灰湮塞洪水。苍天补好了，天空的四周稳固了，洪水干枯，中原平静，凶禽猛兽都已死去，黎民得以安生。她背靠大地，怀抱青天，使禽兽虫蛇无不藏起了它们的爪牙和毒螯，不再攫噬人们。女娲的功德，真是上至九天，下至黄泉，名播后世，光照万物。

女娲治水、补天的神话，堪称奇瑰宏伟，有深远的影响。西南一些民族除了有伏羲、女娲避洪水、结婚的传说故事以外，云南藏族还有《女娲娘娘补天》。这篇神话传说几乎把汉文古籍文献中女娲造人、制造乐器、治水、补天的事迹都糅进去了。女娲死后，传说人们为她建造了女娲宫。看来女娲早已成为各族共有的女祖神。

真正的女宇宙神在某些民族已有所发现，如哈尼族传说，造天造地造万物的是金鱼娘。她体大无比，最初生活在雾茫茫的大海里。她一抖鳞，从脖子里先抖出了天神，又抖出了地神，他们分别住在金鱼娘所造的天与地上。新疆蒙古族卫拉特部（清代对西部蒙古各部的总称）传说，其宇宙开辟女神叫麦德尔。她常骑着一匹白色的神马，奔驰在蓝色的水面上。天与地分开以后，因为地是浮在水面上的，不稳定，经常晃动，女神派了一只大神龟去顶住大地。神龟也有累的时候，它稍稍一动，便有发生地动（地震）的情况。女神定于每年正月十五日、四月十五日、七月十五日到大地上视察。这三个日子正是卫拉特部蒙古人的节日，杀牛宰羊，举行祭祀。[①]瑶族女宇宙神有一系列的创世活动。但这种女宇宙大神即使在民族地区，也不多见。

共创天地的男女二神，在有些民族的创世神话里，均明确是一对配偶神。例如，纳西族的名篇《创世纪》说到最初布置万物的是东神和色神。东神，男神；色神，女神。纳西族讲的是“布置”，而不是“造”。阿昌族的天公是遮帕麻，地母是遮米麻。男神造天空和日月星辰，女神织出了大地、江河、湖海、山川以及各种生物。

汉文古籍上有关男女配偶神的记载，因为已有若干程度的哲学化，是以阴、阳观念出现的。如说，远古时期没有天地的时候，是无相无形的。深远幽暗，蒙蒙不分，弄不清何处是门径。有阴、阳二神同时产生了，经天营地，那天地广大得没有终极，没有谁知道止息的地方在哪里……是阴阳二气相互作用，才形成了万物。烦杂之气为虫，精锐之气为人。（见《淮南子·精神训》）这阴阳二神，无疑是男女二神。

现在能见到的宇宙开辟大神，绝大多数是独一无二、至高无上的男神，仅此，也足以证明，从总体上看，开辟

① 见《民间文学》1986年第3期，姚宝瑄搜集整理文。

神话产生较晚，母系氏族的作品少，父系氏族的作品占优势。上古被保存下来的最著名的创世大神是盘古。古书记载：最初，天地混沌未开，像一个大鸡蛋，盘古就生在其中。经过一万八千年，天和地分开了，阳清之物上升为天（民间至今有蛋清上升为天之说），阴浊之物下沉为地（民间至今有蛋黄为地之说）。盘古在天和地的中间，一日变九次（“九”是虚数，意思是多），神奇超过天，能力超过地。天每日增高一丈，地每日增厚一丈，盘古也一日长一丈。这样又过了一万八千年，天已经很高了，地已经很厚了，盘古的身体也很长了。等到盘古死的时候，他的头化为了四岳，眼睛化为了太阳、月亮，身上的血液脂膏变成了江与海，身上的汗毛和头发变成了草木。秦汉时，民间传说，盘古的头为东岳，腹部是中岳，左臂是南岳，右臂为北岳，脚为西岳。先辈说，盘古哭泣的眼泪变成了江河，呼出的气是风，发出的声音是雷，眼中的瞳孔变成了电。又说，他高兴的时候是晴天，发怒的时候是阴天。还有的说，他的牙齿和骨头变成了金属和石头，精髓变成了珍珠和玉石，流的汗是滋润大地的雨水。寄生在他身上的各种小虫子，因感受到风吹，都变成了大地上的人。[①]总之，宇宙即盘古，盘古即宇宙。盘古又是与天地同生长的

---

① 根据徐整《三五历纪》《五运历年纪》和任昉的《述异记》所记盘古事迹编译。

巨人。

原始人的这种想象，今人看来会觉得很荒谬。如果细一琢磨，又有一定的道理。首先，原始人的整体观念很强，把宇宙万物视为一个巨大的整体。他们主观认为，这个大整体应该跟人一样，四肢齐全，五官灵活，有喜怒哀乐。他们把自然人化以后，又进一步想象，整个宇宙空间就是一位巨神——巨人。其次，原始人将此物比彼物，也不是乱比，一般都有某种近似之处。因此，明亮的眼睛才能化为日月，喜则晴，怒则阴。再次，像这种高深难解的问题，必须有相应发达的思想意识为基础，因此宇宙开辟神无论如何不可能是早期的。通常把盘古作为男性神，可见至少是父系社会的作品。

2

三界之神

三界指天上、地上人间、冥界。人间是三界的中心，无论是天上还是地下，都是人间世界的仿制品。因此三界之中的神话传说还是以地上人间最为丰富。

（1）天界之神

即人们对天象进行解释时，加以人格化所塑造的各种形象。其中，尤以太阳神话和月亮神话最绚丽多彩。

世界上许多民族都崇拜太阳，都有自己的太阳神。从总体上看，太阳崇拜与太阳神话的积极因素是主要的。不过我国汉文古籍中留下的太阳神已经不是原始形态，大都是人格化了的男性神灵。他们或俊美，或威严，无一不光辉四射，是温煦、热烈和明亮的源泉。请看楚人的太阳神多么气派：

暾将出兮东方，照吾槛兮扶桑。抚余马兮安

> 驱，夜皎皎兮既明。驾龙辀兮乘雷，载云旗兮委蛇。……青云衣兮白霓裳，举长矢兮射天狼。操余弧兮反沦降，援北斗兮酌桂浆。撰余辔兮高驼翔[①]，杳冥冥兮以东行！(《楚辞·九歌·东君》)

这位太阳神从东方的扶桑树升起，骑着马儿慢慢前行，使皎皎的夜晚转为明亮。这位太阳神，驾龙车啊乘风雷，上面载着的云旗就像弯弯曲曲的长蛇。这位太阳神，青云为衣，白云为裳，放出的光芒就像射天狼（星）的锐箭。这位太阳神自称要举起弓来除掉灾星天狼再下降，要引来北斗（星），以便共酌名酒桂浆。那时将挽起缰绳，高高地飞翔，穿过那冥冥之境再回到东方。

作为自然神灵，人们认为太阳神是在从东到西天空越过的，然后又从西到东穿行于冥冥地底返回东方，就像我们感觉上的太阳似乎总是从水面升起，又沉入水下。作为人格化了的太阳神，驾驭着风雷星云，为人间驱邪恶、除黑暗，是一位仪表非凡的善神。

楚人崇拜太阳神，已无不同意见。“楚”字金文为“”，似太阳照于林中。

传说古代有十个太阳，东方海外的旸谷上，有一棵

① “驼”字可能是多余的，不解何意。

很高大的扶桑树，十个太阳在那里洗浴。这个地方在黑齿国的北边。九个太阳在扶桑树的下边，一个太阳在扶桑树的上边。（见《山海经·海外东经》）这十个太阳都是女神羲和的儿子。羲和在甘渊中给太阳儿子洗澡，主管儿子们的出入。太阳乘着六条龙的车子时，羲和还给太阳驾车。这些基本情节分散地载入了《山海经》。太阳之母羲和显然是企图用模仿巫术掌握太阳之女巫的神化。

对太阳的行程描绘得最细致的是《淮南子·天文训》:

太阳从旸谷出来后，在咸池洗澡，拂晓上扶桑树，这是晨明。太阳登上扶桑树以后，开始启程，天将明。太阳走到曲阿山，天刚亮。走至曾泉，该吃早饭了；走到桑野，该吃午饭了；走到衡阳，便是中午时分；走到昆吾山，太阳当顶；走到鸟次山，开始偏西；走至悲谷，该吃下午的饭了；走到女纪这地方，太阳西斜了……到了悲泉，羲和驾的六龙车停下了。太阳行至虞渊，已是黄昏；到蒙谷山，便是黑夜。头晚进入虞渊之滨，次晨又照到蒙谷之岸。太阳途经九州十舍，有五亿零七千三百零九里。

太阳完全人格化。太阳神的行止，决定了人间昼夜。有趣的是明明一个太阳，为什么原始人偏说有十个太阳。世界其他民族也有一群太阳之说，多至十二个，还有九个、七个、五个的。究其原因是天象的变化，人们不理解，碰到日晕，误以为天空有很多太阳。在炎热季节，烈日曝晒，也误以为是多日所致。

月亮神话不如太阳神话那么多，有些民族的月亮神与太阳神常常在同一种神话中出现。但月亮本身多变，上弦月是一弯蛾眉，犹如玉钩；下弦月残辉幽明，别有余韵；满月则碧空清水，晴时万里无云，如一轮玉盘高悬碧空。无论月缺月圆，不给人间伤害。月亮不管是清亮还是幽明，都带给人们无限的遐想与温馨，所以人们对月亮很有亲切感。月亮是温柔的象征。月亮上的阴影又给人种种神秘感。

中国上古神话说月亮的母亲是常羲，为月亮驾车的是望舒。古人还用月亮的死而复生来解释月亮的圆缺。由于月亮和太阳的关系密切，有的民族把月亮和太阳称为一对，把它们看作是一块儿的，或者是兄妹，或者是夫妻。人们还根据月亮上的阴影，想象月中有蛤蟆、有桂树、有仙人。最动人的当然是月里嫦娥的故事。

嫦娥奔月的故事在东汉之前的记载不完整，东汉张衡的《灵宪》才说到嫦娥是羿的妻子。羿是传说中著名的射箭英雄。嫦娥实际上是受了占卜师有黄的骗，吃了羿从西王母那里得来的不死药，到了月亮里，不但没有大利大昌，据说还变成了一只蛤蟆。她为什么要离开羿，真是清官难断家务事，各有毁誉。有的同情羿，有的又说羿另有外遇，谁也说不清。这场笔墨官司打了两千年以上，越沸沸扬扬，嫦娥的名声越大，妇孺皆知。举头望明月，每个人心目中都有自己所想象的嫦娥。谁也不愿将她与癞蛤蟆相连，而把她当作是最理想的绝世佳人，她也因此进入了各种文艺形式中。如明代大才子唐伯虎，曾画过一幅传世的《嫦娥奔月图》。那盛装艳服的嫦娥，端庄秀美，怀抱玉兔，冉冉飘飞。画的背景是明月高挂，树影婆娑。其他文艺作品中的嫦娥，无不是美的化身。这证明中国各族人民不但追求美，也善于创造美。唐代诗人李商隐写诗说："草下阴虫叶上霜，朱栏迢递压湖光，兔寒蟾冷桂花白，此夜姮娥（嫦娥）应断肠。"（《月夕》）诗人对这位孤寂的美人充满了同情。

月亮还有许多美好的别名，如玉轮、玉盘、玉钩、玉弓、玉羊、广寒、婵娟、金波、金盘、姮娥、素娥……在人们心目中形象优雅。

进入农耕社会以后的人们，逐渐积累了一套观星象的经验，发现星辰位置的变化与生产有关系。尽管星辰对人的影响不如太阳那么大、那么直接，然而太阳、月亮在天空都只有一个，而星星却多得数也数不清。又因为星象的变化，有时跟人事的变化发生巧合，使古人又得出了许多非科学的认识，对星辰赋予各种神秘的解释，把有的星说成是神所在之地，或有的星本身便是神。星界同时是神界，星神观便是这么出现的。民间风俗中的福、禄、寿三神，最早便出自星辰崇拜，叫司命之神、司禄之神、司寿之神。楚辞《九歌》的《大司命》与《少司命》便是屈原根据民间祭祀司命神的祷词再创作的。司命，即掌管人的生命。司命，又是星名与神名，此种神在天神中地位不是很高，只对主要天神起辅助作用，可是在星神中地位很突出，常跟人间打交道，若发现人有过错，便向天帝打报告，根据情节的轻重，酌情减去寿命三天或三百天。旧时俗语说：天上一颗星，地上一个人，天上多少星，地上多少人。星是人的化身。于是从人星互变的思维方式中，生发出不少优美动人的神话传说。星辰一旦人格化，人间生活的千姿百态都复现在星神世界。家喻户晓的牛郎与织女的故事便是其中最动人的。

人们世代传说，牛郎星在天河之西，煜煜生辉；织女星在天河之东，微微闪烁。两星隔河相望，酷似脉脉含情的恋人。每到农历七月初七，两星才相距较近。如果在群星灿烂的夜晚，抬头仰望，还会看到牛郎星的东南方有六颗牛宿星，轮廓酷似织布机。人们最初将其人格化的传说，已经显示出悲剧色彩：天河之东有织女，是天帝的女儿，年年在织布，劳苦操作，织成云锦天衣。天帝怜悯她单身无伴侣，允许她嫁给河西的牵牛郎。她嫁后因为荒废了织布，天帝很恼怒，责令她回到河东，与牛郎只能一年相会一次。（见《月令广义·七月令》引殷芸《小说》）以后逐步发展，不再提织女嫁后废织，而是说他们两人相思甚苦，每年七月七日晚，由喜鹊架桥，织女渡天河，与牛郎相会。民间至今口头流传的这个故事，仍保留了原有的基本情节。

（2）大地之神

大地之神，种类繁多。土地给人以无穷的恩惠。故此，山谷险峰、河海江川、湖泊沼泽都被神化，有的被人格化。

山无大小，皆有神灵。上古时期几乎每一座山都有山神。昆仑山在神话中有崇高的地位，《山海经·海内西经》说，它是海内最高的山，在西北方，是天帝在地上的都城。昆仑山方圆八百里，高达七八千丈。上面长着一种木禾，高四丈，粗够五个人合抱的。山的每一面有九口井，每口井都用玉石（按：古人所说玉石，并不是现代指的真正的玉，而是优质石）做栏杆；每一面又有九道门，每道门都有开明兽在那里看守着。开明兽是位半人半兽的神，身躯有虎那么大，九个头，长得都是人面，向着东方，立在昆仑山上。昆仑山是百神所在的地方。

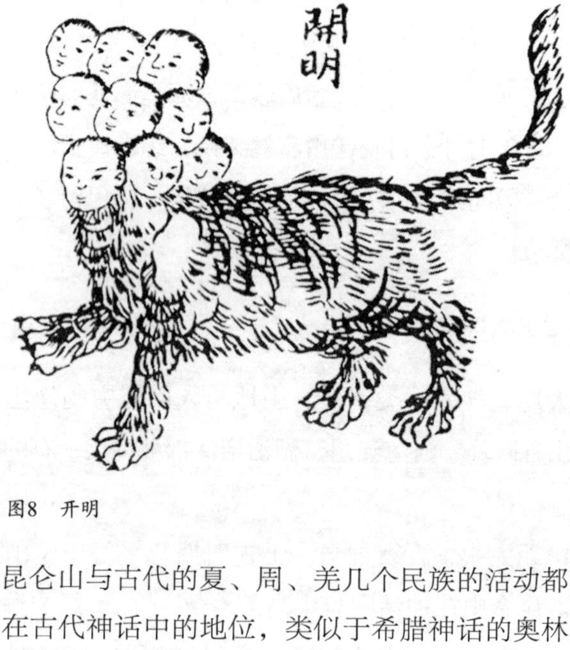

图8　开明

昆仑山与古代的夏、周、羌几个民族的活动都有联系，在古代神话中的地位，类似于希腊神话的奥林匹斯山。《山海经》提到过几十座山，昆仑山雄踞为冠。它作为天帝的都城，自然被天帝所统治。据说，这位天帝便是黄帝。黄帝派去管理昆仑山的神叫陆吾，也是半人半兽形，人的面孔，虎身虎爪，长了九条尾巴。（见《西山经》）

图9　神陆吾

如果说昆仑山之神还很荒蛮、原始，那么云南永宁摩梭人[1]所在地狮子山之神，则已经完全人格化。狮子山拔地而起，雄伟壮观，以形似一头卧狮而得名。传说狮子山的女神叫黑底干木[2]，长得十分美貌，云霞是她的头帕，绿树是她的蛾眉，白雾是她的腰带，泸沽湖畔的珊瑚玛瑙是她的鞋，绿坝子是她的坐垫。邻近诸山的男山神都慕名前来与她交朋友，并为此引起械斗。她不仅人材出众，而且心地善良，常骑骏马或鹿巡视，庇护永宁一带人丁兴

① 摩梭人，纳西族支系，分布在云南永宁和四川的木里、盐源等地。

② “黑底”意谓永宁，“干木”意谓女神，合起来叫作“永宁女神”。

旺，五谷丰登。只要她一离开，立即树木枯萎，灾荒蔓延，瘟疫流行。她一返回，立即大地复苏。[①] 这样一位山神兼保护神，恰与泸沽湖的秀丽景色相映成趣。此神长期享受祭祀，却是一位生活在人间，与母系制相适应的大女神。

黄河既是中华民族的摇篮，又多次泛滥成灾。黄河之神不只一位，河伯是其中最著名的。这是一位大神，最早的形象是人面鱼身。后来传说他的原名叫冯夷。冯夷溺死以后，天帝命他当黄河之神河伯。(《神异经·西荒经》)还有与此神有关的故事：在西海上有一位乘朱鬣白马的人，穿白衣，戴黑帽，后边跟着12个侍童，在水上奔驰，如急风暴雨。这不过是河伯的使者而已。这位使者有时上岸，他的马迹所到之处，水便流到那里，他走到什么国家，什么国家便雨水滂沱。傍晚时，他才回黄河。河伯的使者尚且如此，那么河伯在神界的地位也就可想而知。不过河伯的形象是复杂的，人们对此神的感情也很微妙，既有敬畏，也不乏贬意。他不仅游戏人间，而且经常发下洪水。此神的神性与黄河的喜怒无常很一致。

土地的人格化，在原始农耕社会便已经产生。因为最早发明、掌管农业的是女性，所以土地神后土最初也是

---

① 参见毛星主编《中国少数民族文学》(下)，湖南人民出版社1983年版。

女神。有了文字以后，在甲骨文与金文中，“后”的字形近于一个有双乳的女性。晚清学者王国维考证所得，认为后字从女，或者从母，就像妇女产子的形状。当氏族部落林立的时候，还没有出现统一的国家，各有各的土地神，还不可能出现抽象的、统一的土地大神。按照顺序，人们对土地神的崇拜应该早于对天空神灵的崇拜。随着阶级社会的出现、男权的巩固，天神的地位超过了后土，便渐渐有了“皇天后土”之说。后土仍是女性，成为与皇天上帝相对应的大神。社会再向前发展，土地神随着领域的扩张，管辖的范围也就越来越大。这时，后土不但性别发生了变化，名称也有了改变，叫“社神”，多半都是男性。“社”这个字，古人解释为“土地之主”。中国自古重农，因此，“国中之神，莫贵乎社”（《礼记·郊特牲》）。这时的土地神，已有相当程度的抽象性和概括性。中国上古神话传说中有些著名的首领与英雄，同时又被人们奉为社神。社神与稷神（谷神）并列，成为古代国家的象征。“社稷”即国家。后稷便是著名的播百谷之神，也是传说中的周民族的祖先，有关他的神话比较多，《山海经》《楚辞》《诗经》《淮南子》……都有所提及。

古籍中常见的神话说后土是共工的儿子句龙，甚至说黄帝、大禹都分别被奉为后土或社神。这些都属于男性土地神。后土越管越宽，从地面一直管到地下去了。据说后土还管幽都，即俗称的阴间。但这方面没有完整的神话留下。土地神最辉煌的时期，是当社神之时。

（3）冥界之神

原始人对死亡的不可抗拒，怀着恐惧的心理。最初认为人死后灵魂不死，等到人类出现了强弱、贫富的差别以后，他们想象死后的世界一定很可怕。因此幽冥世界一般都阴森恐怖。传说，那里的统治者叫土伯，土伯统治的地方叫幽都。“幽都，地下后土所治也。地下幽冥，故称幽都。”[①]这里说的后土便是上面说的土地神。后土在幽冥世界的别名叫土伯。关于幽都的情况，《山海经·海内经》说：北海之内，有一座山，叫幽都山。黑水从那里流出，上面有黑鸟、黑蛇、黑豹、黑虎、黑色蓬尾的狐狸。土伯的样子很可怕，老虎头，头上长着尖锐的角，三只眼，身如牛，隆背血手，手上拿着九条绳子，飞快地追逐着人，把人当美味。（见《楚辞·招魂》及王逸注）看来，本来已经人格化了的土地神，入主幽冥以后，形象也变得很可怕，又返古成兽形。因此，与其说土伯就是后土，还不如把土伯看作是后土的分身或化身。按照神话变形的特点，后土当然可以变形成虎牛合体的怪异兽神。

① 《楚辞·招魂》王逸注。

彝族史诗《梅葛》，其中“丧葬”一节，认为人与其他生物的死亡，都是因为天王撒了死亡种子，甚至认为天王撒的死种子比活种子多：“活的种子撒一把，死的种子撒三把。”“死种子撒出去，会让[1]的就能活在世上，不会让的就死亡。”因为死亡的种子是天王撒的，所以世上的人都会死去，躲也躲不开的。[2]

幽冥神话消极的内容，对以后人为宗教中阴司地府的构成有直接的影响，流露了上古人们对死亡无可奈何的情绪。《梅葛》有的地方也表现了这种心理。

---

① “让”是云南土语，即普通话“让开”的意思。意为谁能让开死种子，谁就躲过了死神。

② 见彝族民间史诗《梅葛》，云南人民出版社1978年版。

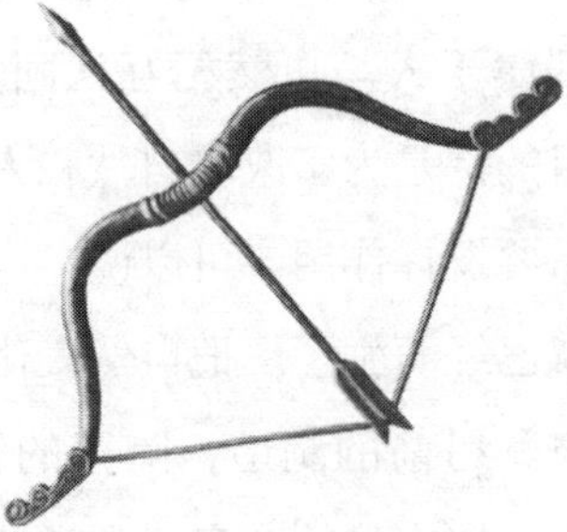

五

向自然进攻

由人的自然化发展到人同化自然，将自然人格化，都属于人与自然相互认同。这种人与自然的一体化，其目的都是为了改善自然和人的关系，使自然能够为人类的需要发挥作用。可以说，这个愿望，从人跟动物分开以后就已经萌生了。把自然人化，实际已是人向自然进攻的先声。弓箭的制造，陶器的发明，家畜的驯养，金属的冶炼，农产品的增多，人类的生存能力已大大提高。有些征服自然的英雄人物，大约在蒙昧期的高级阶段，相当于新石器初期已开始出现，因为弓、弦、矢这种复杂的打猎武器，比棍棒戈矛的力量大大提高，对于人类脱离蒙昧状态起过决定性的作用。各民族上古时期的神话传说里，塑造了众多征服自然的英雄形象。这些神是各类英雄人物的集中与升华，有长久的生命力，并随着历史的前进得到丰富和发展，一直到奴隶社会初期，人们不断赋予新的社会内容。所以神话传说中的著名英雄神，时间的跨度很大。因为篇幅所限，主要介绍一下古代最著名的射手英雄与治水英雄。

1
射神

我国上古神话传说中最著名的射手是羿，加上羿与月中嫦娥还有夫妇关系，所以这一神话传说流传很广。鲁迅根据这一传说曾再创作成小说《奔月》，今人取羿的英雄事迹创作成舞台艺术，说明羿的神话很深入人心。

据说，羿的所在地是有穷族。他制作了弓箭，善射，无论是高处的、远处的、动的、细小的，他都百发百中。有人说："羿者，天下之善射者也。"（《荀子·儒效篇》）他调整好了弓箭以后就坚守不动。他操弓的时候，对其高低看得很准。他有必定射中的门道，因此多发多中。（见《管子·形势解》）羿对自己的射技要求非常严，如果偶然失误，则更加勤练不懈。有这样一个故事，说羿经常与友人吴贺北游，见一只小雀飞过，吴贺请羿射雀。羿问道："你是要活的还是要死的？"吴贺请羿射雀的左眼，羿却射中小雀的右眼，深以为耻。以后他勤练射技，结果"妙中高出天下"。（见《路史·后纪十三》）这是羿的早期传说，那时的羿竟然会因为友人的一个并不起眼的要求未满足而发奋，足见其进取精神之强烈。

有的传说，羿在东方的天帝俊的属下。俊赐给羿红色的弓和带绳子的白色箭，并命羿到下方国去扶助下方的百姓。羿作为射神，果真解救了下方众人的艰危。（见《山海经·海内经》）然而神话传说经常出现不少歧异情况，后人不必像对待史实那样去推敲。《山海经》说羿是奉俊之命扶救人们，而《淮南子》的今传本，又说他是奉尧的命令去为民除害的。出现这种情况没有什么奇怪。因为靠记忆和口头传播，传来传去，难免会有出入。加上人们爱慕英雄之心自古有之，都愿意跟英雄攀关系。学术界还有一种较为普遍的看法，认为神话传说中的俊、喾、舜是同一个神话人物的不同称呼，属于东夷系。而舜又是尧的继承人，既然舜（俊）能向羿下命令，焉知尧不能命羿呢？何况神话人物的活动经常超越时空的局限。说关公与秦琼在一起是笑话，说女娲与她的子孙辈伏羲结成配偶，神话世界则司空见惯，不足为奇。不管羿是尧之下属或是俊之下属，都无关紧要，关键在羿究竟有哪些英雄事迹。对他的功绩记载得最集中的是《淮南子·本经训》。原文为：

尧之时，十日并出。焦禾稼，杀草木，而民无所食。猰貐、凿齿、九婴、大风、封豨、修蛇，皆为民害。尧乃使羿诛凿齿于畴华之野，杀九婴于凶水之上，缴大风于青丘之泽，上射十日而下杀猰貐，断修蛇于洞庭，禽（与擒通）封豨于桑林。万民皆喜，置尧以为天子。于是天下广狭、险易，远近，始有道里。

羿奉尧之命，射掉了危害人类的十个太阳和六种可怕的野兽。从此，不管是宽广还是狭窄，险峻还是易行的地方，是远还是近，都畅通无阻。

这里有两处必须注意，一是立功者本是羿，众人却立尧当天子，这显然是奴隶社会以后加进去的君臣观念。另一是天上十个太阳都射掉了，天下岂不一片漆黑，这大概是记录者有疏忽。羿只能射下十日之中的九日才符合情理。事实上还留下了一个太阳。另有古籍说，尧的时候，十个太阳同时出来，草木全晒焦枯，尧命羿射十日，羿射下了九个，九个太阳中的乌鸦全被射死，它们的羽毛纷纷往下掉，因此天下只留下了一个太阳。（《天问》王逸注引古本《淮南子》）羿射九日总算找到了根据。那么，为什么太阳里边还会有乌鸦？

关于阳乌的资料现在发现不少，河南南阳地区的汉画像石和湖南长沙马王堆汉墓帛画，均有阳乌的画像。汉代王充《论衡·说日篇》说："日中有三足乌。"汉画像石上便刻有太阳里边立着一只三条腿的乌；帛画的天上部分画了九个红太阳，最大的在树顶，中间站着一只黑色的大乌鸦。从原始自然科学的角度看，我国古代把太阳黑子称为"黑气""黑子"或"乌"，阳乌实际就是太阳黑子的神话化。因为只有神乌才能翱翔高空，因此也被想象为有进入太阳的可能。上古人说羿射下了太阳，同时射掉了阳乌的羽毛，这在他们看来很合乎情理。

还有一个问题，鸟类为两足，阳乌为何是三足？三足乌，神话中又叫踆乌。"三"在古人观念里是极神圣的数字。如白族原始宗教遗迹中，有奉三块白色石头为神灵的古俗，三白石崇拜后来便演变成为支釜的三足架，这三足架神圣不可侵犯。南方许多民族的火塘都有三足釜，不能任意移动，不能跨越。中原建立国家以后，作为权力象征的国家重器——鼎，也是三足。原始先民把太阳看成一个大火球，是火的来源，故三足乌又被看作是火鸟。

自然界能飞的鸟，种类凡多，何以乌鸦享此殊荣？传说，原始社会，人们非常看重乌鸦，认为乌鸦说老实话，能给人们报告真实的信息。那时，人们缺少食物的来源，凡是乌鸦成群的地方，必然有死去的动物。据说，乌鸦的嗅觉比猎犬还灵敏。原始人追寻乌鸦的踪迹，便能找到肉食。日久，乌鸦给人一种难以理解的神秘感，而成为被崇拜的神鸟，甚至与太阳神平起平坐，或者它本身便等同太阳神。所以越是原始的民族，崇乌的神话越多；越走向文明，乌鸦的地位越下降。原始初民能把太阳、乌、三足相连，至少要具备初步的综合力与想象力。

羿射下的九个太阳掉到哪儿去了呢？据说变成了沃焦。沃焦，在碧海的东面，是一块宽四万里、厚四万里的大石头，位于百川的下面，故又名尾闾。（见《锦绣万花谷》前集卷一）因沃焦为九阳所变，很不平凡。传说，天下最强大的，是东海的沃焦，百川的水不断地往那里灌。又说沃焦是一座山，在东海南方三万里，海水一灌到那里就消失了。因此，水朝东南流总没有盈满的时候。（见鲁迅《古小说钩沉》辑《玄中记》）说明羿的神话传说的首创者是沿海而居的东夷，后来才流传到中原。

前面谈嫦娥故事时，曾提到羿有外遇一事。原来神界也有“三角恋”。黄河之神河伯经常发洪水危害人们，羿本有拯救下方百姓的使命，便射伤了河伯的左目。河伯的妻子是洛水之神，又名雒嫔，也被称为宓妃，著名的神界美女。三国曹植的《洛神赋》形容她“翩若惊鸿，婉若游龙。……远而望之，皎若太阳升朝霞；迫而察之，灼若芙蕖出绿波”，远观近看均动人。据说羿射伤河伯以后，便以雒嫔为妻。就因为这一点，羿又受到后人的指责，连屈原也不理解，就此事提出了怀疑：“帝降夷羿，革孽夏民，胡射夫河伯，而妻彼雒嫔？”（《天问》）意思是天帝派羿到下方去，是为了解除下方的苦难，他为什么射伤河伯以后又娶雒嫔为妻呢？后世文人也猜测是因为这件事使嫦娥不满，窃药吃了，奔月而去。其实这都不是这一神话传说的原意。

英雄时期，战胜者将对方包括首领妻在内的女俘纳为妻是常见现象，实际上一夫多妻在这一时期已经存在。以女俘为妻的现象，在希腊荷马史诗与我国英雄史诗里都有普遍的反映。羿是常胜英雄。河伯是羿的手下败将，妻被占有，不服，传说他曾跑到天帝那里去告状，要求将羿杀了。天帝却说：“你为什么被射的？”河伯说：“我化为白龙出来游玩时，便将我射了。”天帝说：“你若是深守神灵的职责，羿为什么会侵犯你？你却变成虫兽，当然人要射你，羿做得很适宜，何罪可言？”（见《楚辞·天问》王逸注）天帝不但不同情河伯，反而支持羿，对羿的掠妻行为只字不言。这正透露了军事民主英雄时期的道德观念。屈原与后人都未理解这一点，所以有的提出了问题，有的用后世的恋爱观与婚姻观去揣摩羿与洛水神的关系。

这位有神奇色彩的羿，结局却是悲剧性的。第一，家庭生活的不幸，他的正式妻子嫦娥毕竟弃他而去。羿怅然若失，无法再去寻求不死之药。第二，传说羿教人射箭非常认真。他收了一个弟子叫逄蒙，也是天下有名的射手。逄蒙把羿的本事都学到手以后，便思量着，天下只有羿能超过自己，便把羿谋杀了。（见《孟子·离娄下》）又有说羿是被桃木大棒打死的。（《淮南子·诠言训》）

羿，作为射神，寄托了人们的理想和愿望。作为一位除害英雄，是不朽的。人们因为怀念他，便把他封为宗布大神，受大家祭祀。

射日是炎热地带的民族古神话共有的主题。我国南方民族几乎都有自己的射日英雄。有的民族由于历史进程较慢，这方面的神话保留较多原始的、质朴的、粗犷的美。广西布努瑶的大母神密洛陀在造完天地、人类和世间万物以后，因为由她所造的太阳、月亮不守家规，瞒着密洛陀相爱，又生下了11对太阳、月亮，总共有12对太阳、月亮烧烤着大地，大地一片焦黄。密洛陀派出两个儿子去跟太阳、月亮作战。结果，这两个儿子的头发被烧得翻卷，衣服被烤得冒烟，大败而归。第二次他们带上毒箭再次出战。太阳、月亮毫不示弱："12个太阳是12团火球，12个月亮是12盘银焰。12个太阳乘12匹天马，12个月亮骑12匹云驴。"它们决心要把对方烧成灰烬。密洛陀亲自督战，放出虎豹擒拿太阳，放出毒蛇咬伤月亮，第十子桑勒耶和第十一子桑勒宜也箭不虚发，只见红烟滚滚，星火满天，有11对太阳、月亮被射中，还剩一对最小的被射进了云层，三年后才露出脸为地面送光芒。密洛陀规定它们不许再结伴，只能每逢月尾在东西两山遥遥相望。桑勒耶与桑勒宜战胜之后，没有按时回家，因为怕太阳、月亮不守信誉，又在天上察看了三年。等到第十二弟把他们找到时，他们已劳累不堪，全身被烤焦，瘦得像螟蛉。这兄弟二人为保留地上的万物，自己身残体衰，失去了人形，再也不能繁殖后代，最后，听从母亲密洛陀的吩咐，将自己化为蜂蛹，继续为人类造福。[①]

这一对兄弟射神多么有人情味。传说布努瑶永远纪念他们。

---

① 见布努瑶创世史诗《密洛陀》，中国民间文艺出版社1988年版。

2
治水英雄

水患对人的危害已久，这方面洪水神话传说已透露。一场水患，往往有灭族的可能。洪水是产生治水之神的社会基础。治水英雄主要出现在农业社会。传说女娲、共工都跟洪水作过斗争，古蜀的杜宇、李冰及其子二郎也是很有名气的治水英雄。而最负盛名者，乃是鲧和禹。

传说鲧是黄帝族的后裔。《山海经·海内经》说："黄帝生骆明，骆明生白马，白马是为鲧。"又说他是天帝的长子。"昔者伯鲧，帝之元子。"（《墨子·尚贤中》）他创造出农具，驯服了牛并能驾驭，教会人们播种五谷时要把杂草铲除干净。他为人正直，家住西羌，《世本》说他还建造过城廓。可见他在治水之前已经很有贡献。

鲧是奉帝尧之命去治水的。尧在位的时候，天下尚未平定，洪水横流，到处泛滥成灾。草木长得很高，禽兽繁殖得很快，五谷不丰收，禽兽比人还厉害，兽蹄鸟迹，遍布各地。（见《孟子·滕文公上》）尧帝召集群神开会商议。帝说："唉，四方诸位神啊，现在洪水浩浩荡荡，淹没了大山与丘陵，到处都是水在作害，下方的百姓都很愁苦，有谁能去治理这场水患呢？"大家齐声说："噢，派鲧去吧！"尧帝接受了大家的建议，便对鲧说："你去吧，不过要恭谦谨慎。"（见《尚书·尧典》）鲧受命出发，看到洪水滔滔，无法止住，他便用息石、息壤去堵填。（见《山海经·海内经》郭璞注引《归藏·启筮》）这是一种自生自长的石块和泥土，不是人间的东西，只有天帝所有。鲧大胆地从天帝那里偷来，事先没有得到天帝的同意，因此触怒了天帝，天帝便命令一个叫祝融的神，在羽郊这个地方把鲧杀了。实际上是鲧掘土堵水，挖去了尧部落的肥沃土壤，侵犯了尧部落的利益。尧作为部落联盟的首领，较之其同盟者的部落首领自然相对地有较多的特权。鲧偏偏偷了他管理的领土的沃土，他怎么能容忍，当然要找个借口杀鲧。所谓鲧偷自生自长的天帝的息壤，便是对这一事件作了神话式的解释。

鲧妻是何神，未见记载，但鲧却生了禹，原来他还是一位享有生育大权的男神。禹为父生，便不可能如正常所见地孕育生产，而是说鲧死以后，尸体三年不腐烂，从他肚子里剖出了禹。

这里，必须作一交代，禹出生的神话不止一种，鲧尸剖腹出禹只是其中之一。历来根据这一则神话，便确认了鲧、禹的父子关系。另外，禹又是鲧未竞之业的继承者。没有鲧的失败，也就不会有禹的成功。禹接受天帝的任命，把息壤分散开去，并平定了九州的水患。（见《山海经·海内经》）鲧的壮烈牺牲，可与希腊神话盗火之神普罗米修斯媲美。人们怀着尊敬的感激之情追念这位治水的开创英雄。传说，“海民于羽山之中，修立鲧庙，四时以致祭祀，常见玄鱼与蛟龙跳跃而出，观者惊而畏矣。”（《拾遗记》卷二）据说，鲧便是羽渊之神，玄鱼即他的化身。此后，他便成了河精或河神。鲧的失败，并非他本人无能，而是尧、鲧时期的科学技术只达到了那种水平。

禹时候的天帝已经不是尧，而是虞舜。历史又前进了一步。

禹是传说中的历史人物，有若干神话色彩，但并不浓厚。禹出生于西羌，治水之前，曾得到河精的帮助。有的说，禹为了治水，正在河边观察，忽然看见一位人面鱼身、皮肤白皙的人从水中出来，自称是河精，授予禹一张治水的地图，又回到水中去了。（见《尸子》孙星衍辑本卷下）又有的说，禹打开了龙关之山的龙门，走到一处深数十里的岩洞中，非常幽暗，无法再前进。禹便举着火把向前，碰见一头猪，衔着夜明珠，放出的光好似蜡烛，又有一条黑色的狗，朝前面吠叫。禹在里边迷失了一昼夜。天色渐明，见猪、犬都变人形，穿黑衣。另外还有一神，蛇身人面，即伏羲，赐给他一张八卦图，还赠给他玉简，可用于量度大地。(见《拾遗记》)

禹总结了鲧治水的经验和教训，改填堵为疏导。他在治水过程中，进行了一场又一场惊天动地的战斗，也必然经历了无数次惊险。不过上古人善于将自然神灵化，因此，围绕着禹的治水，便有相应的神话。其中，禹治服大水怪无支祁，可说是禹治水传说的一段插曲：

禹为了治理洪水，曾三次到桐柏山[①]，那里惊风走雷，石头会号叫，树木会呜鸣，地上的恶神充塞在河川，天上的恶神挥舞着兵器，水利工程不能进行。禹大怒，召集百神，授命夔，命其清扫妖孽。桐柏山及附近诸山的神们恐怕祸及自己，都请求饶命。禹把他们之中的鸿蒙氏、章商氏、兜卢氏、犁娄氏囚禁起来，从他们那里知道是淮水和涡水的水神名叫无支祁的在作怪。此神善于应对谈话，能辨别江淮之水的深浅，以及平原、低地的远近。无支祁的样子像猿猴，高额扁鼻，白首青躯，金目雪牙，脖子一伸

① 桐柏山，在今河南省桐柏县西南，与湖北随县、枣阳两地接界。

有百尺长，力量超过九头大象，不停地跳跃、搏击、飞奔，一会儿也不安静，无论听什么看什么都不能持久。禹把它交给童律，童律管不了；把他交给乌木由，也管不了；交给庚辰，庚辰才把它管住了。但那些数以千计的妖物，如鸱脾、桓胡、木魅、水灵、山妖、石怪立即奔走呼号，把禹及其他人团团围住，庚辰挥舞大戟把它们赶走了。禹命人用大铁链锁住无支祁的脖颈，鼻子上挂上一个金铃，压在淮阴龟山的脚下。淮水这才能永远平安地流入海里。①

这虽然是后人根据神话传说的再创作，但仍然反映了禹当时治水有多么困难，要克服自然界的种种阻力。

禹治水的足迹踏遍南北各地。在他的率领下，疏导了九河，打通了济水与漯水，将这两水导之入海。开拓了汝水、汉水，疏通了淮河、泗水，让这几条河水直通长江。又让洛水、伊水流入黄河。……《庄子·天下》说禹治水后，“通四夷九州也，名川三百，支川三千，小者无数”。华夏大地，江河畅通了，禹的功德被后人歌颂为“疏川导滞，钟水丰物”（《国语·周语下》）。治水成功，农业必定发展。农业为我国古代的经济基础，当然带动其他方面的物富民康，禹便继舜当了部落联盟的首领。

---

① 根据《太平广记》卷四六七“李汤”条引《戎幕闲谈》编译。

禹的重要经验是没有采用鲧的湮塞法堵水，而是疏导之。“禹乃决江疏河，通之四渎，致之于海，大小相引，高下相受，百川顺流，各归其所。”（《新语·道基》）大家才能离开高山，在平原上居住。

禹为了建功立业，虽然爱上了涂山女，但没有跟她在一起，而到南方巡视去了。涂山女常命侍女守候在向阳的山坡上，并自歌曰：“我等候着心中的人啊！”这就是南方乐歌的开端。（见《吕氏春秋·季夏纪·音初》）禹直到30岁，才跟涂山女结婚。《史记·河渠书》说禹治水13年之中，三次走过家门都不进去。相传有一块“望夫石”，就是因为涂山女总见不到禹回家，她久久伫立在那里而变成的。

也有另一种说法。禹为了打通轘辕山，化为熊。他曾对妻子涂山女说：“你要给我送饭，听到鼓声再来。”不料禹不小心，踩掉了一块石头，打中了鼓。涂山女一去，见禹变成了一头熊，觉得很羞惭，跑到嵩山下，化作了一个石头人。这时，她正要生孩子，禹追去说：“还我儿子！”石头人的北面破裂，生出了启。（见《汉书·武帝纪》颜师古注引古本《淮南子》）禹为治水，牺牲了个人幸福。禹的奋斗精神，永远激励着后人。禹治水成功，当然不是他一个人的功劳，而是历来众人治水的经验和成果，通过禹集中体现出来。

从远古时始，凡是有特殊才能和优秀品格的人，人们都认为其是因为有某种神异性，与常人不同，故而以神对待。禹在社会转折时期立了大功，他的治水事迹，充满了人定胜天的昂扬精神。他被人们塑造成大智大勇、公而忘私、高度理想化了的神，既在群神之列，又高于群神之上，成为山川之神的首领。“禹平水土，主名山川。”（《尚书·吕刑》）主，即主神。山川之主，也就是社神，即最高土地之神。古人说，国中之神，莫贵于社，可见尊贵神圣之极。自古以来，上有最高统治者，中有官吏、文化人，下有平民百姓，无不赞美大禹之功。从正史到野史，从书面到口头，禹都是很了不起的治水英雄。古代神话传说里，鲧、禹治水是其中最优秀的篇章之一。连春秋时代的人都不由地赞叹禹为子孙后代所做的好事，他们说，假使没有禹治水，那大家住的这些地方便只有鱼，哪里还会有人呢？禹的成功，恰恰证明他生活的时代，跟鲧的时代比，生产力已达到新的水平。

禹的神话传说产生于原始社会解体时期，一直到封建社会初期才被记录下来。当人们一想到禹长年在外劳苦，脸晒黑了，腿上的毛磨光了，连妻子都离他而去，崇敬之情便油然而生。

禹死以后，相传葬在会稽山。他的坟墓所在地，春天常有鸟来除草，秋天常有鸟来啄秽。地方官禁止民众

随便伤害这种鸟，若不守规定，刑不宽恕。（见《水经注·渐江水》）

禹对历史还有其他方面的贡献，治水只是他的贡献之一。而在这方面，因众口一词地歌颂，因此神话传说较丰富。

六
文化英雄

文化英雄（Culture Hero）在人类学上被认为“是指在民俗学上具有光荣的人物，他们被认为对古代的特殊生活方式具有教化之功”[①]，在神话学上被认为是在古代文明创建的过程中有杰出贡献者，即神话传说中的发明创造者。他们集中体现了上古人民的智慧和才能，推动了人类文化的进程，代表人类文明的曙光，因此被大家纪念和歌颂。希腊神话中的普罗米修斯是著名的文化英雄，我国古代神话传说中类似的英雄也不少，他们的事迹，很值得中华儿女传颂，并发扬光大。这一类神话传说，在原始社会的每个阶段都能产生，从中可以了解人类文化的进程。

1
渔猎之神

这大概是人类历史上最早的文化英雄。《抱朴子·对俗》说：“太昊师蜘蛛而结网。”后来，太昊与伏羲合为一体，有时合称为太昊伏羲，死于东方，被东方人所祭祀，是东方的天帝。因为此神居于东方，掌管着春天和生命。

① 芮逸夫主编《云五社会科学大辞典》第十册，《人类学》第32页，台湾商务印书馆出版。

东方临海近水，伏羲学蜘蛛结网制作了打鱼捕兽的网罟。此神与女娲有婚配关系，本来就是人类的始祖。始祖同时兼渔猎之神，具有多重功能，神话中属于常见现象。在现存的资料里，此神的资格很古老。

最早的渔猎之神是渔猎社会的产物，那时乃妇女统治的天下。按说，原始的渔猎之神应是女性，但汉文古籍中却说是伏羲。大概伏羲“剽窃”了女祖先之功。古希腊的女猎神阿耳忒弥斯（Artemis）在诸神中便占重要地位。希腊罗马的艺术作品，将此神塑造为年轻的女猎人，身着猎装，背负箭筒，身旁带有一只神兽赤牝鹿。因为她是野兽的主宰者，祭祀的牺牲主要是熊和鹿。中国的渔猎女神到哪里去了呢?

云南怒族居于崇山峻岭之中，常受虎、蛇所威胁，又渴望捕获野兽。他们的猎神是雌羚羊的化身，每猎到巨兽，便要把妇女身上配戴的珠子挂在野牛角或熊身上，再挂一只鸡，然后祭猎神。民间传说，有一位年轻的姑娘被野兽牵走了灵魂，她向大家告别后，独自进了深山。从此，深山的野兽都归她管。她告诉猎人哪里有巨兽，猎人按她所说去做，肯定满载而归。人们便奉她为兽神，每次出猎之前，都要向她唱《猎人之歌》。又有的民间传说，猎神曾化身为一少女，与一猎人成婚。每当客人光临，她能很快地猎回大麂子和野猪等。他们在一块生活了一段时间，生了孩子，猎神又回到山里去了。猎人如果上山，次次不会落空，总能猎到一两只羚羊，原来这是女猎神送给猎人的礼品。人们甚至还发现，只要有羚羊群走过的地方，后边必然还有女人的脚印，人们说，这是猎神的脚印。这位猎神不仅是女性，而且尚未完全人格化，还处于女猎神与羚羊相互转换的阶段，可见其形态十分古老。

云南部分傈僳族信奉的女猎神叫“花兹玛”，汉译意是“掌管狩猎的女神”。她用孔雀和山鹫的羽毛装饰脊背，肚脐下盖着红、绿、黄三色的黄鹂和鹦鹉的羽毛，前胸、肚子、双臂、大腿全部裸露，头发披散，如乌鸦翅膀，说话卷舌，声音婉转得如鸟叫似的，很好听。她用梭镖击猛禽，没有不中的。她用锐牙撕裂虎皮。取火的方式，是用大石头往树胶上猛一砸，发出一声清脆的爆炸声，随着火星四溅，树胶便燃起了火苗。那时，她所在的氏族每个男人都属于每个女人，每个女人也都属于每个男人，谁若对谁偏爱，就要被杀掉，由酋长主持祭祀，然后大家便把被杀的人分着吃了。

花兹玛却在山野中打猎时与一外族的男子结合在一起。她教给对方如何打猎、剥皮、取火，以及如何用羽毛装饰自己，率先过着一夫一妻的生活。他们生了一个男孩，名叫阿咕咕，长大后也是猎人。花兹玛又教给儿子打熊、躲熊与打蛇、躲蛇的技能。

不幸，女猎人部落的人终于找到了她。她被那些人残暴地拖进了草莽中。从此，父子俩再也看不见花兹玛了。花兹玛被打死了。

据说，傈僳族各种打猎的方法和工具，如绊扣、鸟扣子、捕虎陷阱、捕猴竹笼……都是花兹玛传下来的。

花兹玛死后，她的丈夫与儿子搭了两间竹草房定居下来，烧了几片火山地，种上荞麦和麻。不久这个山头又来了不少人，他们都是从头人手下逃出来的。于是，阿咕咕父子便成立了一个鸟氏族，奉花兹玛为女祖先，给她雕了像，当作神物，代代相传。祭花兹玛的习俗由鸟氏族传到了其他各氏族。他们每逢进行氏族战争的时候，或者集体狩猎的时候，便把刻有女猎神像的木板抬出来，摆上鸟蛋、酒和糯米粑粑宣誓。一面呼唤她的名字，一面用低沉的调子唱着“花西尼”（狩猎的鬼灵）祭歌：

呵！我们正在把你呼唤，花兹玛呵！我们正在对你祭奉！

呵！我们正在把你呼唤，花兹玛呵！我们正在对你祭奉，摆下玉米煮的米酒，斟满小米酿制的佳醇，请你享用！招你降临！摆上的是新鲜鸡蛋，献上的是糯米甜品，万籁消失了声音，请伴随夜露来临，枞树已经叶落纷纷，请踏着落叶降临。

…………

赐予香獐的肚脐吧！赏予公熊的苦胆吧！香獐肚脐医治蛇咬，公熊苦胆为垂死者招魂。赏予山鸡吧！勿令它飞奔。赐予岩羊吧！最好是成群。我们就在岩缝中等待，猎者就在丛林边藏身，驱它自己出现，莫等追逐，赶它跃出丛莽，勿令追寻。

…………

祭礼你！求你庇佑，请赏肉食与后辈子孙。

傈僳族有的氏族对花兹玛笃信无疑，认为她神通广大，来无影，去无踪，掌握山林及各种动物。只有得到花兹玛的准许，狩猎才会有收获，如触犯了她，即使不被野兽咬死，也有可能曝尸山林。①

古帝王舜与射手羿，还保留了猎神的影子，不过他们都是父系制的产物。前一章已交代，羿既射日，也射各种动物。舜则驯象有功。据说舜姓虞。对“虞”有两种有关连的解释。《说文解字》谓：“虞，驺虞也。白虎黑文，尾长于身。”是一种长得似虎的神兽。《周易·屯卦》六三说：“即鹿无虞，惟入于林中。”意思是猎鹿如果没有猎人当向导，就会迷失在森林里。这里的虞指的是猎人。这两

---

① 根据周忠枢整理的《花兹玛》缩写，载《山茶》1980年第3期。

种解释都说明舜与动物和打猎有关系，虞舜连用，也就是说他是猎人舜。

舜在神话传说中的真实身份被淹没，是因为在封建社会完全被伦理道德化，并被载入《史记》和《列女传》，说他不但继承了帝尧的位子，而且娶了尧的两个女儿娥皇、女英为妻。舜的母亲早死，父亲是个瞎子，弟弟名象，是继母之子。父子俩经常加害于舜，未能得逞；舜则孝顺父亲和继母，对弟弟更是无微不至地照顾。舜被描绘为孝子，行仁悌。加上《史记》影响很大，因此这个故事广为流传。我国当代神话学家袁珂先生不拘泥于旧说，提出了新的见解："舜和象的斗争，实际上就是舜和野生象的斗争，靠了两个天女的帮助，猎人舜才把几番险遭它毒手的狡悍凶谲的野生象擒获并且驯服了，使它开始为人类服役。"[①]

根据《山海经》的记载，舜是住在深山野林之中的。《海内北经》说舜住的台子有两座，都是四四方方的，在昆仑山的东北。《大荒南经》则说，舜洗澡的地方是一个四方的深水潭，四角通向别的河流，北有黑水与少渊，南是荒野和从渊。其他古书文献中说到，舜常在雷泽捕鱼，进入高山野林狩猎，即使遇到迅雷暴雨，都不会迷路。他

① 袁珂：《神话选译百题》第142页，上海古籍出版社1980年版。

耕种的地方叫历山。死后，葬在苍梧山，其墓地周围有各种野禽和野兽，大家还经常来耕耘舜坟墓周围的田地。舜是驯服象的人。这都透露了舜最初是猎人的身份。所以有说舜在高山深林之中，即使碰到大风大雨，也不会迷路。(《尚书·舜典》) 后世称管理山林的官职为“虞”，可能与此有关。

舜是人名，也是氏族名，属于东夷系，崇拜虎图腾。东夷与炎、黄融合，一部分进入黄河流域，一部分乃在历山从事农业。上古黄河流域气候温暖，曾有过象。舜积猎虎之经验，又猎象驯象，所以还有象为舜种田的传说。

2

火与火神

火是人类无数发现中最伟大的。人类因为获得火才能吃熟食，从而优化大脑，最终与动物分开。

火是一种自然现象，自然起火的历史比人类的历史还长。对于火，如果不能认识、控制和掌握它，便是一种极大的威胁。神话传说有大火毁灭人类的追忆。人类对火的了解和利用，曾经过很长的过程。火的使用对人类的发展有划时代的意义。这一伟大的发现，凝结在各民族火神的形象中。

每个民族都有自己的火神，早期是动物神，然后是女性神，再后转变为男性神。当人类自我意识不强的时候，在大自然面前有自卑的一面，每种动物的特长都成为人羡慕、模仿的对象。如高山族有两种不同的火神鸟的故事。一种说神鸟里必士主动给人们衔来了火种，人们才知道用火、保存火。人是被动的，鸟是恩赐者，是神。另一种说人派鸟去取火种，被派去的鸟叫考约伊西，这种鸟飞得慢，取到火以后，才飞了一半里程，火已烧到它的嘴。人们只好再派乌胡古鸟去，终于把火叼来了。人们为了答谢它，特许它在稻田里自由地啄食稻谷。

上古的燧人氏便是因啄木鸟的启发而得到火的：据说遂明国有棵大树，名遂，盘根错节，占地万顷。有一位圣人漫游到日月光照以外的地方去，来到这个国家，在这棵树下休息，看到有鸟啄树，发出火光。圣人受到启发，也用小树枝钻木取火。以后这个人便叫“燧人氏”。（见《太平御览》卷七八引《拾遗记》）

人对火的重视，下一则神话折射得很有趣：

在古时候，人像鸟一样会飞，想到哪里就到哪里，但是却没有火。在严寒时，人只得躲进山洞，吃的全是生食。在大森林中居住着一种鸟叫“飞罗”，它有火，但不会飞翔，整天停在洞中，望着别的能飞的鸟发呆。有一天，一位猎人从它身旁飞过，看到飞罗闷闷不乐，就问它发呆的原因。飞罗诉说了无翅膀的苦恼，猎人就提出用翅膀换它的火。飞罗听后，非常高兴，很乐意地和猎人交换了。飞罗插上翅膀，鸣叫着飞向天空；而猎人得到了火，却不会飞翔了。……但由于有了火，天天能吃熟食，严冬时能得到温暖，黑夜中能驱走猛兽。火使人们受到极大的益处。[①]

这是傣族布角人（现在的补过人，归哈尼族）的火神话。“布角”意即“祖先”或“创世人”。看得出来，他们这则神话很特别、很罕见，象征人类一旦认识火的重要，便不惜用人类所渴望能飞的翅膀与之交换。这不是比等待鸟儿的恩赐或帮助要积极得多吗?

此外，傣族还有螳螂教人从石头取火的传说，拉祜族有人从老鼠那里换得火种的传说等等。火神由动物神过渡到人神，中间应该有个人兽合体的环节，可惜已发现的此类资料还不多，但布依族却有猴娃造火的神话，说猴娃因射弩，击到石头而生火。

人类虽然通过不同途径得到了火，但是保存火同样很艰苦。如苦聪人搬迁时，必须由家长捧着火走在前面，遇风雨要把火种揣在怀里。在原始民族那里，一旦火熄灭了，就被认为是不祥的预兆。所以保存火是整个群体的神圣使命。

我国各民族自有不同的方式保存火种。西藏珞巴族用篝火的方法保存，在房子中间设一火塘，由年长的老人管理，使其长夜不息。这种习俗在西南各民族仍有遗留。

---

① 古继光采录，收云南大学中文系82级编《民俗·民间文学调查》（内部）。

每家的火塘是神圣之处。东北鄂伦春族每年正月初一早上要举行全家祭火神的仪式，前来拜年的亲友，先要向篝火敬香，进献酒肉。用餐前先要向火中投进食物。他们的火神是一位老妇。传说有一位妇女，因为火星蹦到她身上烧坏了衣裳，蹦到脸上烧坏了皮肉，便骂骂咧咧地乱捣乱捅，从此再也点不着火了，因为她伤害了火神。一天她去邻居家取火，见一老妇一只眼流泪，一只眼流血，原来这就是被她刺伤的火神。她吓得连连哀求，这才把火点着。刀耕火种时期，人们还靠火烧荒种田。云南布朗人每年烧山前，先要供祭火神。人们很害怕火的威力，因而希望能加以控制。布朗人一边祭火神，一边又求火神不要越界燃烧。他们把茅草、树皮、草灰放置于竹箩里，请巫师念经，然后点燃箩中的草和树皮，再将竹箩投入河中，随水漂去，表示把为害的火神送走了。

人类由利用自然火到人工取火是飞跃的进步。一旦能人工取火，就不必为能否保存火种而发愁，人们可以随时得到所需要的火。大约在旧石器的中期和晚期，人类已在保存火种和传递火种的基础上，发明了人工取火。不过人工取火，在我国的旧石器考古学上尚未找到具体的例证，只在上古神话传说中留下了一点蛛丝马迹。传说祝融是上古南方的一位火神，他的形态在《山海经·海外南经》中是人兽合体形，人面，兽身，骑着两条龙。何以见得这是火神？因为此神能显现天地之光明，即“祝融亦能昭显天地之光明”（《国语·郑语》）。又有古书上说祝融是灶神，最初是女性，后来是男性，还有了妻子。如“灶神祝融是老妇”（《太平御览》卷五二九引《五经异义》）。灶，是用来烧火做饭的。灶神，自然也是火神。上古的灶神不少，地位比封建社会晚期的灶神地位要尊贵得多，所以传说中的祖先黄帝、炎帝都当过灶神。炎帝曾是火神，证据更充分。“炎”即“火”，当是火神无疑。有的说：“炎帝为火师。”（《左传·哀公九年》）既为“火师”，与一般火种的保存者便不可同日而语，意谓炎帝是火的掌握者、使用者，当然也能人工取火。因此有的说炎帝能钻木取火，煮熟荤臊食品，使人们吃了不会生病。“炎帝氏以火纪，故为火师而火名。”（《左传·昭公十七年》）凡是崇拜火的氏族，便奉炎帝为神。炎帝，可能标志我国上古祖先在掌握火方面，具有历史性的进步。

3
农、医之神

我国从原始农业社会到封建社会，都是以农为本，关于农神的神话是不少的。有些民族的农业神是动物，即某种动物替人找到了谷物种子而被奉为谷神。这是因为在原始社会人与动物的关系特别密切，即使超越了图腾制社会，有些曾经是图腾的动物在人们心目中仍有很重要的地位。苗族便有狗从天上取来谷种之说。壮族神话说九尾狗为人从天上取谷种时，被守谷天神砍去八条尾巴，故只剩一条。人们感其恩，愿以白米饭养之。水族每年吃新（谷）节，祭完谷神，同时要给狗喂米饭。仡佬族古时无水稻，因狗奔入月中，卧谷堆中酣睡，谷芒将它刺醒，它便衔了一穗返回人间，弃于家门前，此后，人们才知道种稻。还有的是剖鸟时从腹中发现谷种……

汉文古籍中的农神没有这么古老，甚至已从女性转化成了男性。传说神农是牛的头、人的身子，居住于姜水（今陕西岐山一带），故姓姜。姜水一带的地理气候宜于种植。传说神农的出身很不平凡，他的母亲女登一天到华阳去游玩，与神交配才生下了他。神农见大家靠吃兽肉、饮生水、穿皮毛为生，难以长久地维持，便到处去寻找可以果腹的植物，有时一天便中毒很多次。他的精神感动了上天，便得到了神灵的帮助。“神农时，天雨粟，神农耕而种之。”（《艺文类聚》卷十一引《周书》）从天上掉下来种子，供他种植。又说：“有丹雀衔九穗禾，其坠地者，帝乃拾之，以植于田。”（《拾遗记》）太阳鸟叼着一枝九个穗的禾，掉在地上的谷粒，神农拾起做种子。神农还会加工木料，制造耒耜工具，教给人们按时令下种，用马尿浸泡种子。人们因为有粮食吃了，都很感激神农。当然，农业的发明，绝不会是一个人的功劳，而是许多人积累起来的经验。神农的功业，也就是原始农业中的杰出者的创造。人们为了突出他与农业的关系，赋予他牛首。牛在农业社会是神圣的动物，被禁止宰杀，死后以厚礼葬之。“牛者，所以植谷者，民之命也。”（《淮南子 · 说山训》）神农保留了人兽合体的形貌，更能表现出神性所属。

后稷也是古代一位著名的农业神。本书第四部分曾提到他作为周民族的祖先，又被奉为百谷之神。《史记 · 周本纪》对他的身世记载很详细，说他名叫弃，他的母亲是有邰氏的女儿，叫姜嫄。姜嫄当了帝喾之妃，因在郊外踩了一个巨人的脚印，有所感而孕。她觉得生下这个儿子不祥，便把他抛弃在一条小巷子里，牛马走过那里都不去踩他。又把他抛在山林里，恰逢山林中人多。最后放在冰上，飞鸟用翅膀覆盖他。姜嫄觉得很神，遂抱回抚养。因为最初抛弃过，故名弃。弃从小便有高远的志向，做游戏的时候，爱种麻、豆子，而且长得还很好。他长大以后，便专爱从事耕稼。他会选土耕作，别的人也都学他的样子。帝尧知道后，命他当农师，天下都因此获益。以后，尧便封弃在邰那个地方，以“后稷”为号，以姬为姓。后稷这一族，历代都有好的名声。

前半是神话，后半几乎就是历史了。《诗经·大雅·生民》歌咏了后稷的诞生、对农业的贡献以及人们在他带领下的祭祀求年活动：舂米的、淘米的、蒸米的，烧蒿熬油，宰羊烤羊。把这些祭品盛在木盘里和瓦镫里，一股香气直往上升。这都是为了祈求来年丰收。“后稷肇祀，庶无罪悔，以迄于今。”从后稷开始，便是这么祷告上苍的，由此心里便不会觉得有过错。这样做一直延续至今（指周代）。

还有的记载说，后稷为了耕田，连回家都顾不上，三过其门而不入，终因辛勤劳作而死于山野。由于后稷历史传说较多，古书多记载他在农业生产上一些具体的方法和功劳，被人们称赞为天地之主。他的孙子叔均也是农神，并比他更进一步，开始使用牛耕田。“稷之孙曰叔均，是始作牛耕。”（《山海经·海内经》）叔均被称为田神。

原始祖先对药物的发现，所经艰苦和凶险，是科学昌盛时期的人们难以理解的。古代巫、医一体，应该有两个原因：其一，那时的人把疾病当作鬼灵的作祟，而驱鬼又是巫师的职能之一。其二，真正有本领的大巫，他们一方面是巫术的施行者，另一方面又是远古文化的继承者和保存者，通过实践，确实也掌握一些原始的医药知识。所以最早的医与巫分不开，而被称为巫医。《山海经》记载了那么多能治病的植物和动物，这些既不能实考，又不能完全否定，确实反映了我国医药起始阶段的特点。巫医很神秘，不能与科学的医药等同；巫医巫药又是人类认识世界起步阶段的必经过程。医药之神，可以说是巫医的提炼与升华。《世本》说：“巫彭作医。”即是说，彭是巫医。《山海经·大荒西经》记载了十巫采药的情况：“有灵山，巫咸、巫即、巫朌、巫彭、巫姑、巫真、巫礼、巫抵、巫谢、巫罗十巫从此升降，百药爰在。”这里说十巫从高高的灵山上去取药，实际是巫医们到险峻高山采药的神话化。十巫之中恐怕男巫女巫皆有，只因记得太简略，无法判断。采药定当尝药，不尝怎么知道何者可用，何者不能用呢？本书第二部分提到医药的发现，是神农从事农业的“副产品”，因为人们首先要解决饥饿，才能进一步谈到治病。神农因为尝百谷、鞭百草特别有名，故又被称为医药之神。《述异记》卷下说，在太原神釜冈放有神农尝药的鼎。成阳山上，有神农鞭药的地方，叫神农原，也叫草药山。山上有紫阳观，相传神农就在这里辨别百草的，还保存有千年龙脑。并不是真的神农从姜水跑到了太原，而是因为人们愿意争当文化英雄的乡里，这是神话传说中常见的超时空现象。

4
其他文化英雄

中华民族有灿烂的古代文明，从物质文化到精神文化，各行各业都有最早的发明创造者。这样的名字可以列出一大串：

传说中的伯益属东夷系，西迁以后是秦之祖先，曾辅助禹平水土。他在古代文化上有两大贡献：一是在洪水过程中发明了掘井。“伯益作井，而龙登玄云，神栖昆仑。”（《淮南子·本经训》）他掘地打井，把龙与神灵都吓跑了。有井，人们便多了一种与干旱作斗争的办法。另一是善于调驯草木鸟禽。因为他有这一本事，被舜指定为管理山泽之官。人们甚至夸张地说他能听懂鸟的语言，无非是形容他对饲养对象的习性非常熟悉，所以鸟兽听从他的摆布。如此看来，伯益不愧为古代最早的饲养专家。

少皞的儿子发明了弓箭。（见《山海经·海内经》）

发现野蚕，发明养家蚕，创造丝织品，最早不是印度和日本，而是中国，通常公认是传说中的嫘祖，与黄帝婚配，颛顼是他们的后裔。（见《山海经·海内经》）嫘祖被后世奉为蚕神。

黄帝管理制作陶器的属下叫宁封子。

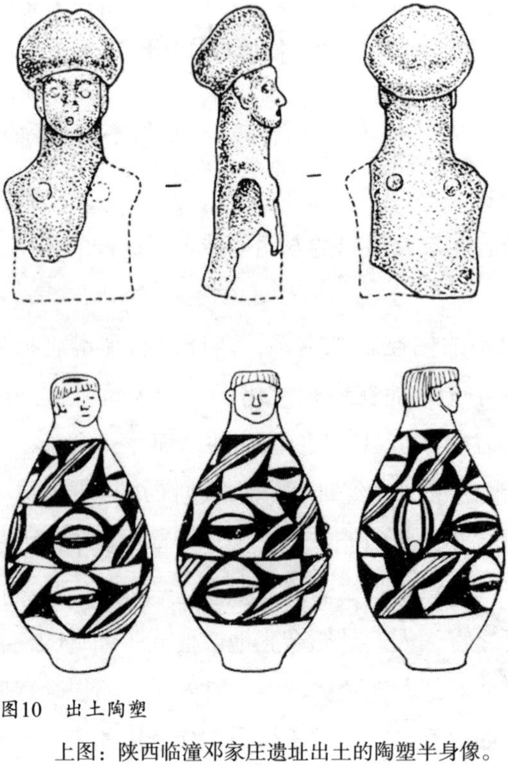

图10　出土陶塑

上图：陕西临潼邓家庄遗址出土的陶塑半身像。

下图：甘肃秦安大地湾出土的人头形器口彩陶瓶。

琴瑟是帝俊之子晏龙创制的。帝俊的八个儿子又是歌舞的创始者。

夔是音乐的始作者。

文字之神是仓颉。据说此神有龙的形貌，长着四只眼睛，最初按照鸟迹发明了字画。文字创制出来以后，天上落下了粟米，夜晚鬼都哭泣，龙也躲起来了。可见文字之威力。

古代最有名的能工巧匠是公输般，据说是鲁国人，故名鲁班。他与墨子同时代，交谊甚厚，《墨子》一书记载了他们之间的交往。鲁班的发明创造很多，当他在楚国任职时，为了舟战的需要，发明了一种“钩”，当敌方败退时，可用钩去钩住敌方的船；又发明了一种“拒”，是为抵挡敌人进攻用的。他发明的云梯，便于攻城之用。他削竹木做成的鹊，能在空中连飞三日。他还能坐上自己做的木鸢，为楚国去窥视宋国的情况。还有的说他模仿螺蛳的样子，发明门上安锁用的门环；又是石磨的创造者。鲁班的故事，从古代到中世纪，直至现代，越传越多。《述异记》卷下记，浔阳江七里洲中的木兰舟，便是鲁班所造。又说，天姥山的南峰，有鲁班雕的木鹤，能连飞七百里，一直飞到山的西峰才停下，后来汉武帝派人来取，木鹤又飞回了南峰。每当将雨，木鹤似乎又要奋翅欲飞。公输般是实有的历史人物，因为在手工业方面有突出的贡献而神话传说化，被后人奉为工匠祖师。

吉雅其是蒙古族、达斡尔族、鄂伦春族等的牲畜保护神。

《三国演义》中的孟获被彝族传说为创制衣服的文化英雄。他的二弟孟优创造乐器及耕种之法，且精于医药，药到病除，后被白族奉为药神本主。他的三弟孟伶创制竹筒刻字。

…………

每个民族都有自己的文化英雄，共同为中华文明作出了贡献，都值得我们铭记于心！

七

英雄崇拜

人类由多神崇拜到一神崇拜，由对自然神的崇拜到对祖先神的崇拜，又由对祖先神的崇拜发展到对本部族英雄的崇拜，是同生产力和社会发展相适应的。每个民族都经历过英雄崇拜的阶段，这一时代，一般称为英雄时期。

古代对英雄的理解与我们现在不完全相同。他们心目中的英雄一般都有神界的出身，处于神与人之间，是全族的救世主，能镇妖魔鬼怪及各种来犯之敌，从不失败，一般被奉为战神和祖先神，受全族顶礼膜拜。英雄崇拜的鼎盛期是原始社会末期和整个奴隶社会，一直延续到封建社会的初期至中期。从原始氏族社会崩溃到奴隶社会的建立，这一交替时期，氏族林立，部落纷争。任何一个强大的部落都企图兼并其他的部落，于是征战不已。那时的战争又是非常野蛮而残酷的，失败的一方，男女老少沦为奴隶，等于灭族。所以人们都希望本族有强有力的英雄出现，不但能保护本族的黎民百姓，而且能统一天下。谁能做到这一点即被拥戴，并被神化而崇拜之。胜利一方的首领，便是未来新兴奴隶主的代表。历史上的殷族统治者，为统一天下，曾和几十个族打过仗；周人的天下，也是在掠夺奴隶、土地和财物的基础上建立起来的。从原始的公有制到文明社会的私有制，是动乱而残酷的历史转折期，人类又即将由野蛮的厮杀、吞并走向文明的王国。因此，对英雄时代的英雄神要从历史发展的总趋势去评价，不能否认他们代表进步的一面。

1
黄帝

我国上古神话传说中最著名的英雄神是黄帝。至今，我们还自称是炎黄子孙，就因为黄帝与炎帝都对历史的进步起过推动作用。

黄帝最初并不是某一个具体历史人物的专称，而是黄帝族的集中和简称的定名。既然原始公社时期，氏族名、部落联盟之名与大酋长之名，三者是可以统一的，那么黄帝族渐渐地变成了黄帝，黄帝又逐渐地变成了想象中的祖先英雄，并被描绘为一位神化了的人物，集远古政治、军事、经济、文化于一体，于是黄帝便成为由远古历史传说到神话，又还原为历史的典型。所谓黄帝时代，实际是个很广泛的概念，至少包括了整个新石器时期。根据古史研究所得，黄帝族早期活动中心在西北，即现在的陕西渭河以北，还包括今甘肃、宁夏的部分地区。黄帝族壮大以后，沿黄河进中原，争雄称霸，成为最强大的部落联盟集团，势力范围大体上跨今之山东、甘肃、河南、湖南、河北等地域。在征服其他部落集团的同时，民族之间进行了一次大融合，为华夏族的形成奠定了坚实的基础。故此，黄帝便成了神话中的中心人物，诸神之上帝。

黄帝的神话传说非常多，由于出自不同时期不同人物的记载，有的甚至相互矛盾。

黄帝所在地，各说不一。有说他建立的轩辕国，在穷山一带（见《山海经·海外西经》）。故后人称他作轩辕黄帝。也有说黄帝是有熊氏族，在河南新郑。《史记》则说他生长于姬水之滨，以姬为姓。《左传》又说黄帝族以云为标志，官职和族名都叫云……较普遍采用的是《史记》所说。

神话传说中的黄帝有25个儿子，10000个诸侯，诸侯中有7000个是神灵。说明黄帝确实是位势力范围很广泛的部落联盟首领。

黄帝又是人文之祖，集文化英雄之大成。传说他能种五谷，能驯化鸟兽和虫类，会种桑树，发明了布帛，能用石制造武器，开采了铜矿造刀……简直是位万能之神。

他的出身极不平凡，是大地之神的女儿附宝所生，婴儿时便能说话，自幼聪慧过人。传说他是黄龙体，长了四张面孔。经常有百神来朝见他，他也派这些神替他做事。天上的雷雨归他主管，他能使天空发生14种变化，使阴气和阳气相互交感，震动为雷，激荡为电，交和为雨，发怒为风，乱而为雾，凝结为霜，分散为露，聚拢为云，升腾为虹、霓……。（见《太平御览》卷六引《天文录》）由此可知，黄帝作为神话形象，奇异荒诞。他有超自然、超人的本领，这都是历来神话创作者的夸张。所谓黄帝四面，无非是表示他对四面八方的动态都很注意了解，方有每战必胜的可能。在古史传说的五帝之中，黄帝能独居中央上帝的位置，主要是因为他的赫赫战功。常为人传颂的有以下几次。

（1）黄帝征服四方之帝

相传，黄帝统治初期，注意修身养性，很爱护老百姓，并不好发动攻伐别人的战争。可是四方的领袖却以不同的颜色称帝，即东方的青帝，南方的赤帝，西方的白帝，北方的黑帝。他们共谋攻伐黄帝，使得黄帝所管辖之地的边境总是处于警戒状态，士兵们连头盔都不敢摘下。黄帝感叹地说："现在当国君的发生了危险，老百姓也不能安生。君主若失去了国家，他的臣民就该去当别人的臣民了，那祸根如同养寇贻患。现在我处万民之上，四方的盗贼竟敢来滋扰，才使我军连受震惊。"于是黄帝亲临战场，消灭了四方之帝。（见《太平御览》卷七九引《蒋子万机论》）这一传说加进了很多后人的观念，酷似天子平定诸侯，有奴隶社会的投影，是经后人改编过的黄帝传说，企图以此来解释“五帝”之间的统属关系。

（2）炎、黄之战

这是一场极复杂的、胞族之间的争夺战，持续时间长，结果虽然是黄胜、炎败，但炎帝族南下后，仍与黄帝族各有天下之半。不过，黄帝在中原的势力却大为壮大。

对于黄帝的出身有不同的传说，黄帝与炎帝的关系也众说纷纭，流传最广的是说他们是兄弟关系，都是少典氏的妻子有蟜[①]所生。《国语·晋语四》说：“昔少典娶于有蟜氏，生黄帝、炎帝。黄帝以姬水成，炎帝以姜水成，成而异德，故黄帝为姬，炎帝为姜。二帝用师以相济也，异德之故也。”他们虽同母生，却成长于不同的地方，有不同的德行，姓氏各不相同，由此而经常发生战争。据说炎帝纵火成灾，企图侵犯各诸侯，黄帝让熊氏族、罴氏族、狼氏族、豹氏族、貙氏族、虎氏族等为前锋，又命鹏氏族、鹖氏族、鹰氏族、鸢氏族打出他们的旗帜，在阪泉的原野上打了三次大仗，才战胜了炎帝，将其擒获。

这一神话传说完全是站在黄帝族的立场上创造的，把炎帝降为反面形象。其实汉文古籍中还有不少歌颂炎帝

---

① 有一种说法，有蟜氏便是附宝。如“有蟜氏……名附宝……感大电绕枢……孕二十五月而生黄帝于天水”（见《史记汉书诸表订补·人表考》卷一）。

的传说。比如炎帝与神农相结合，炎帝神农便是古代农耕文化的开创者；也有说炎帝是神农的后裔或分支，身兼农业神、火神与太阳神。还有的说，炎帝族发展到后期出了一位英雄蚩尤，内部发生了战争，炎帝被蚩尤打败。又有的说，黄帝为了对付蚩尤，曾经联合过炎帝。炎帝族比黄帝族进入中原早，因战争失利，一部分顺长江流域南迁，一部分留在黄河中下游与其他部落融合了。南下的一支，在那里开辟了新天地，定居江汉一带，不但带去了先进的中原农耕文化，而且很快与当地土著相结合，炎帝成为江汉间的部落联盟首领，形成与黄帝族各管南北天下的局面。因此南方的天也就是炎帝之天。“南方曰炎天，其帝炎帝。”（《礼记·月令》）我们不能只说中华民族是黄帝的子孙，而应该自称是炎、黄的子孙，这样更有利各民族的大团结。

（3）黄帝与蚩尤之战

这次战争，旷日持久，规模巨大，是史诗性的题材。

蚩尤是九黎族的战神。九即多数，黎即黎民百姓。蚩尤实际跟黄帝一样，也是许多部落联盟的首领。传说他有72兄弟或81兄弟，意思是有这么多的氏族部落和他结成联盟，势力很大。他的兄弟都是铜头、铁额，吃沙子和石头。蚩尤自己有八条胳膊八条腿，几个脑袋。他是兵器的制造者，用铜制武器，用皮革缝制战衣。他通晓天道，曾作战72次。他在九黎族的心目中，善于辨别奸邪和神灵，一切害人的魔怪都不敢抵挡他。传说他所领导的九黎族常扰乱天下。蚩尤在打黄帝之前，曾在涿鹿之野跟炎帝族的后裔榆罔氏族打过一仗，将对方赶跑了。传说他在此跟炎帝作过战，实际是跟炎帝族的后裔榆罔。因蚩尤好战善战，许多地方都受到战害，被蚩尤打败的部落便去找黄帝求救。黄帝为了平定蚩尤作乱，采矿石，造武器，摆成八种阵势，带领熊、罴、貔貅、貙、虎等氏族出征。双方在涿鹿之野摆开了战场。开始，黄帝打不过蚩尤，九战九败。因为蚩尤头上长着两只角，常用角抵人，难以阻挡。蚩尤又作三日大雾，使黄帝的军士迷惑不清。黄帝乃命风后模仿北斗星做指南车，以辨别四方。指南车，又叫司南车，车上有神人，即使车转，而神人之手却一直指着南方。黄帝还获得一种神兽夔，用其皮做成鼓，再用雷兽骨做鼓槌，击鼓时，声震五百里。蚩尤兴风雨，黄帝则请应龙用水攻，又命干旱之神女魃止雨，才最后取胜。《山海经·大荒北经》说："有人衣青衣，名曰黄帝女魃。蚩尤作兵伐黄帝，黄帝乃命应龙攻之冀州之野。应龙蓄水。蚩尤请风伯、雨师纵大风雨。黄帝乃下天女曰魃，雨止，遂杀蚩尤，魃不得复上，所居不雨。"又有的说蚩尤是黄帝派应龙杀死的。这次战争以后，女魃和应龙再也没有回到天上去。他们永远留在地上，女魃所居之处缺雨水，应龙所居之处则多雨。

蚩尤死后，民间仍有关于他的传说：有一座宋山，有赤蛇，名叫育蛇。山上生一种树，叫枫树。这种树木是蚩尤的枷锁所变。（见《山海经·大荒南经》）至今南方有的民族有崇拜枫树的习俗，也许跟这个传说有关，因为他们对蚩尤不但不反感，而且很崇敬。还有的说，有叫解州的地方，那里有座盐池，那种盐呈赤色，在阪泉之下，老百姓说，那是蚩尤血变的。说明蚩尤曾被一些地区的老百姓所同情。人们传说他死后仍对后人有益，显然是借此表达对他的怀念。

图11 蚩尤伐黄帝

从黄帝为首的部落联盟的立场出发，黄帝是仁义之师，必胜。其实，如果抛弃传统的胜者为王、败者为寇的观点，不能不承认蚩尤在当时也是一位很了不起的首领。黄帝能战胜他，说明黄帝比蚩尤更能代表历史前进的力量，更伟大。战争的胜负固然不排除偶然的因素，但必然的因素仍起决定作用。黄帝能转败为胜，说明以黄帝为首的部落联盟生产力更发达，因此传说中所述黄帝的发明创造较之蚩尤要多得多。也许黄帝战蚩尤的始作者是华夏族，因此黄帝一直被华夏族所歌颂。可能因为蚩尤精明强悍，对人类曾有过贡献，人们同样把他视为英雄，不忍心他死去，故此民间也有说他未死，继续活跃在历史舞台上：

> 昔者黄帝合鬼神于泰山之上，驾象车而六蛟龙，毕方并辖，蚩尤居前，风伯进扫，雨师洒道。虎狼在前，鬼神在后，螣蛇伏地，凤皇覆上，大合鬼神，作为清角。(《韩非子·十过》)

黄帝已俨然是一位帝王形象，前呼后拥，蚩尤成了他的鸣锣开道者。也有说太原的村落祭蚩尤神不用牛头。老百姓为蚩尤立祠庙，并有他的画像。

这一神话传说，规模大，虽然异说颇多，并未影响它自成系统。对它的记录，从战国初到唐宋，延续千年之久。黄帝以智胜蚩尤之勇，前者更先进。这一神话传说证明我国上古确实经历过英雄时期。

2
“三代”英雄传说

“三代”指夏、商、周三代。这三个时期的英雄代表主要是为夏建国奠定基础的禹、灭夏的商汤与灭殷的周文王和周武王。

（1）禹征三苗

禹如果没有军事上的建树，就不可能保证经济、文化上的成果。禹继承了舜的部落首领的位置以后，除了继续与天灾作斗争，还要东征西讨，为统一大业而辛苦奔波。他能否保持中原的长治久安，主要看他是否有力量消灭当时最强大的敌对势力。

从现有资料看，禹在军事上的重要功绩是征三苗。传说三苗是九黎的遗裔，尧、舜时期在南方的势力已经很强大。以蚩尤为代表的九黎被黄帝族打败以后，蚩尤的余威仍很盛，黄河北岸的冀州平原还有其影响，这当然是以黄河流域为根据地的黄帝后裔所不能容忍的。尧与舜对三苗曾采取过强硬的手段，三苗屡遭镇压，却未真正屈服。有的说，舜是因为征三苗而死于苍梧之野，并且就埋葬在那里。（见《吕氏春秋·召类》与《淮南子·修务训》）可见三苗之强大。

禹按舜生前的委托，为征三苗召集了各部落首领参加誓师大会。会上，禹告诉大家要听命，并历数三苗之罪状，要求大家齐心协力建立功勋。这一仗打了七十天，才把三苗征服。（见《尚书·虞书》）禹对三苗使用了非常残酷的手段，捣毁了他们的宗庙，消灭了他们的氏族，使其后继无主。（见《国语·周语下》）从那以后，一部分三苗逃到南方的崇山峻岭中，另一部分当了奴隶，与中原各民族逐渐融合。这场战争的后果，在神话中有所折射："日妖宵出，雨血三朝，龙生于庙，犬哭于市。夏冰，地坼及泉，五谷变化，民乃大振。"（《墨子·非攻下》）禹为黄龙，犬为三苗的原始图腾，龙入主庙堂，犬只能在庙外哭泣，自然间各种反常现象，意味人世的大变化。从战争的残酷可以看出奴隶制正在兴起。禹克三苗而有天下，是为消灭原始共产制，建立私有制扫除障碍。若从这一角度来审视古代苗与夏的关系，历史部族之间的恩恩怨怨，必将随着时间的流逝而化解。

（2）成汤灭桀

桀是夏朝最后一个君主，也是历史上有名的暴君之一。商族属东夷系，以鸟为氏族图腾，契是他们传说中的第一代始祖，成汤是契的第十四代孙，又被称为商汤。成汤时已有了国家机构，只是势力还不大，臣服于夏。由于夏桀太不得人心，成汤为灭夏做好充分的准备，一旦向夏进攻时，“十一征而无敌于天下”（《孟子·滕文公下》）。

传说成汤不仅善用武力，而且成功地进行了间谍活动。据《吕氏春秋·慎大》载：

听说夏桀昏庸无道，成汤命大贤臣伊尹前往探听情况。但又担心被夏怀疑，汤便行苦肉计，故意怒射伊尹。伊尹也故意逃奔到夏，待了三年，又回到商的都城亳，向成汤报告：“桀原来迷惑妹喜，现在又喜欢上新得的美女琬与琰，根本不体恤老百姓，众人苦不堪言，上下相互憎恶，民心积怨，都说，既然上天不顾及我们，夏也该完蛋了！”成汤对伊尹说：“你说的情况跟我所想的完全一致。”他们君臣二人再次密谋，伊尹又去夏国。这次便与已经失宠的妹喜勾结在一起。（按：译文）

汤自称秉上天之命讨伐夏桀，双方大战于鸣条（在今山西运城夏县西）。桀的军士没有斗志，汤趁势将桀赶走。桀带着妹喜与其余姬妾坐船沿江漂流，最后死于南巢（在今安徽巢湖东北）的山林之中。（见《列女传·夏桀末喜》［即妹喜］）据说桀手下有一员勇将夏耕，在章山作战时被成汤所杀，死后无首而立。后又引咎逃到巫山去了。《山海经·大荒西经》对这一能走动的无首之尸有记载："有人无首，操戈盾立，名曰夏耕之尸。故成汤伐夏桀于章山，克之，斩耕厥前。耕既立，无首，走厥咎，乃降于巫山。"夏耕倒是挺顽强的勇士，虽死亦不陈尸，可惜这样的武士也挽救不了桀的命运。

传说向汤授天命克夏的神乃火神祝融。又有的说，成汤不仅智勇俱全，而且仪表堂堂，心地仁慈，在传说中是理想化了的夏商之交的英雄。

（3）周文王和周武王灭纣

纣是商朝的末代君主，跟桀一样，在历史上以残暴著称。周族传说中的祖先即弃（后稷），该族活动于西北黄土高原的一个古老的部落，由弃下传十五代，周文王（名昌）时周族崛起，成为商朝的威胁。周文王的儿子发，即周武王完成了昌未竟的灭商的事业，成为西周王朝的开国之君。

纣因为嫉妒周文王的"仁德"，不但把文王囚禁起来，而且将其长子伯邑弄到殷商去当人质。纣命厨子将伯邑的肉煮成羹，送去给文王喝。送羹的人对文王说："圣人应该不喝儿子的肉汤。"但文王还是吃下去了。纣便说："谁说西伯（指文王）是圣人，吃了自己儿子的肉汤尚且还不知道。"从此便放弃了对文王的警惕。文王下边的人，送给纣王各种珍奇礼品，有驺虞（一种尾长于身、白虎黑文的神兽）、犬戎名马、玄豹黄罴等等，还有有莘氏的美女，将文王从纣那里赎回。后人增加了一些传说，谓文王终于将所食儿子的肉羹吐了出来，变成了一只只红色的雏兔。文王悲恸不已，令人掩埋好，那个地方叫“吐子冢”，据说在河南汤阴附近。（见《武王伐纣平话》）

一次，文王出去打猎，在渭水北岸遇到了七十高龄的吕尚，即姜太公。姜太公辅佐周文王，顺利地进行着灭商的事业，先吞并了许多小的部落，后迁都于丰（在今陕西西安西南）。虽然定都不久文王便去世了，但为周武王灭商打好了基础。吕尚继续为武王辅佐，负责军事。

武王伐纣的传说比较多。如伐纣前占卜结果，预示有“大凶”。姜太公将占卜用的蓍草推到一边，把龟壳也踏碎了，说：“枯骨死草，何知而凶？”（见《论衡·卜筮篇》）渡过黄河以后，太公命人将船毁坏，将桥梁渡口全都烧去，号召说：“太子是为父亲报仇，要下有死无生的决心。”（见《太平御览》卷四八二引《六韬》）渡孟津时，波浪滚滚，风雨交加，人马都看不见。武王圆睁怒目，左手操着大斧，右手执牛尾竿，对大家说：“我负天下重任，谁敢违我之意。”顿时风平浪静。（见《淮南子·览冥训》）在邢丘（今河南温县东）时，楯（即盾）折为三，遇雨三日不止，武王很担心。姜太公却说：“楯分三段，是预示我军必须分为三路；三日雨是为我洗甲兵。”（见《韩诗外传》卷三）在一个大雪盖地丈许深的日子，有祝融、句芒、玄冥、蓐收、河伯、雨师、风伯光临，这些神向武王表示，愿意接受武王的命令，助他灭商。（见《太公金匮》）有八百部族前来归顺于周（见《拾遗记》卷二），终于完成了灭殷商、建立周王朝的神圣使命。按《史记》所说，纣是自焚而死。

3 其他民族的英雄神

（1）乌古斯

乌古斯是新疆维吾尔族史诗《乌古斯传》的主人公。他的父亲是喀拉汗，母亲是皇后阿依可孜。乌古斯生下时，青色的脸，火红的嘴，黑眉黑发，全身长毛。他只吃母亲一天奶就再也不吃了，只吃生肉和酒。他很快就会说话，四十天即会走路，腿如牛腿，腰像狼腰，有黑豹的脊背，熊的胸脯，跟成人一样骑马打猎。他曾消灭过危害人们的独角龙。

一天，乌古斯外出狩猎，夜幕中从天上降下一道蓝光，比月光还明亮，比阳光还璀璨。蓝光中出现了一位美丽的姑娘，脸上有一颗像火一样明、像北极星一样亮的痣。她笑，蓝天也笑；她哭，蓝天也哭。乌古斯便和这位天光中孕育的少女结了婚，生了三个儿子，一个叫太阳，一个叫月亮，一个叫星星。后来，乌古斯又娶了树神之女为妻，也生了三个儿子，分别取名为天、山、海。乌古斯登汗位以后，举行了四十天庆典。他联合四方的邻邦，组成大的部落联盟，征服了三个国家，又由一条苍毛苍鬃的大公狼带路，征服了女真、身毒、唐兀惕、夏木、马萨尔。

乌古斯把国土分给六个孩子管理，光明女神的儿子们，获得了从日出地方伸向日落地方的一支金弓；树神之女的儿子们得到的是银箭。乌古斯召集了部落代表大会，在仪式上立起了两根长木杆，顶上分别挂着金鸡和银鸡，下面分别摆着黑羊和白羊。这都与萨满教的信仰有关。乌古斯可能是一位很古老的英雄神。①

（2）朱蒙

这是朝鲜族古代著名的英雄神。朝鲜语朱蒙的意思是善射者。他的母亲从左腋下生下一个肉蛋，有五升左右大。国王认为人生鸟蛋，不吉祥，命人扔进马群，马不践踏肉蛋；又扔进深山，鸟兽也保护它。肉蛋在阴天里发出太阳般的光辉。国王为之惊叹，又命人拾回，交那女人收养。不久，肉蛋裂开，出来一男孩，哭声洪亮，长得英俊奇特。他能用弓射死纺车上的苍蝇，因此叫朱蒙。

---

① 参考《中国少数民族文学》上卷。

朱蒙自知是天帝之子，河伯（非黄河之神）的外甥，不甘心为人放马，打算到南边去建立一个国家，从马圈中选了一匹好马，带了三个朋友出走。走到河边，鱼鳖为他架桥，山鸠为他送麦种。他走到一个山川秀丽的地方，自立为王，建立了国家。当地的沸流王名叫松让，很轻视朱蒙，企图迫使朱蒙当属臣，但射箭不能取胜。朱蒙用朽木做的宫殿，反而坚实异常。松让又想用水淹朱蒙，亦未得逞。最后只好归降。天帝为朱蒙筑了一座华丽的城廓。在一个秋天，朱蒙回到天宫后再也没有下来，留下了一条马鞭，埋在龙山角下。[①]

（3）突忽烈爷爷

这是满族的英雄神。相传古代珲春地方所属东海36个部落，以渔猎为主，其中土伦部生一子，名突忽烈，浑身鳞甲，脚似鸭蹼，能入水三日不出。人们以为他是妖精，想害死他。父母只得令其藏于水中，等到晚上再回家。有人想用石碓砸死他，他不仅未死，身上的鳞甲反而把石碓压得粉碎。从此大家更加厌恶他。到16岁时，他的父母都先后去世，突忽烈无家可归，或住海水里，或游荡山野。7月15日那天，因回家给父母上坟，住在原来的房屋中，部落里的人知道后，放了一把火，岂知并未将他

① 谷德明编：《中国少数民族神话选·朱蒙神话》缩写。

烧死。他仍然酣睡，只是身上的鳞变为血红色。突忽烈醒来，见小屋已成灰烬，哭着回到了海里，再也不出来了。

三年后，部落遭大水灾，突忽烈率领群龟引河灌田。可是部落中人还误以为是突忽烈为害，被天神所救，大家都祭天神谢恩。有一魔鬼，名叫耶鲁里，是一群火龙的首领，将珲春地方焚烧干净，掠人为奴，幸存者只能在深山度日。突忽烈与耶鲁里恶战，不能取胜。老海龟告诉他，要击退妖火，只能去求助于满族起源之神土伦布。突忽烈历尽磨难，终于得到土伦布亲授武艺，还得到一把射妖弓、三支穿妖箭，以及避寒暑之服。突忽烈再战，用北海真冰破了魔法，顿时烟消火灭。耶鲁里一目受伤，其兵丁伤亡过半。突忽烈掷出三块冰，化为三座冰山，将大魔小妖全部压于北海之北。突忽烈又率众海龟修复部落家园。众人见此，无不掉泪。他对大家说："请乡亲们好好照看我二老的坟墓。"说毕，仍回海中。自此，珲春人赶海捕鱼，遇风暴袭击，似乎有人托出水面，送至岸边。①

此外，凡是有英雄传奇流传下来的民族，其中的主人公便是该族的英雄神。藏族的格萨尔、蒙古族的江格尔、柯尔克孜族的玛纳斯、傣族的阿銮、侗族的王素家族等等，无不如此。

---

① 根据袁珂编著：《中国民族神话词典 · 突忽烈发玛》改写，四川社会科学院出版社1989年版。

八 从圣入凡

神话是原始社会生活的曲折反映，就其本质而言，不是毫无根据的想象。只是越原始的神话，越与原始信仰分不开，难免有荒诞离奇和神秘迷信的一面。而且神话的创作者并不是有意识地把神话创作作为一种审美活动，他们对自己所讲所传，都自认为神圣而可信，完全是不自觉的艺术创造。传说有所不同，对于现代人，传说比神话更贴近生活，即使那些很古老的、从神话演变而成的传说，较之神话亦有更多的世俗气息。尤其是阶级社会以后的传说，有较高的艺术欣赏价值。神话向传说的演进，无论从文化素养或艺术水平哪一方面去衡量，都证明人类已登上一个高一级的层次。即使脱胎于神话的传说，也比原有的神话更完整，有的还很美。

古代传说的种类很多，涉及社会生活的诸多方面，政治历史、风俗节日及婚丧嫁娶等几乎都有不同的传说。从传说可以窥见古代人民的世俗人情、生活情趣、道德伦理和对美的自觉追求。

1
历史传说

古代，神话传说和历史人物经常混淆不清，有的是历史的神话化，也有的是神话的历史化。因此，古代帝王无不有煊赫的家谱，不是源于某一天神，便是源于某一古帝。所谓历史传说，则指历史上实有人物的传说，是在原有历史事实的基础上有若干程度不等的幻想。

（1）夏启

禹对三苗战争的胜利，大大提高了他在各氏族部落中的威望。掠得的奴隶对提高生产力十分有利，酋长们成为氏族贵族，他们个人财富的增长，促进了奴隶制的产生。这时再实行尧、舜时代的“禅让”制已经不行了。最初，禹曾把天下交给有功的益，可是三年以后，益把天下让给了禹的儿子启，自己到箕山南面隐居去了。据说是因为下面的人不拥护益，而拥护启，大家说：“启才是我们禹的儿子呀！”又有的说，启把权夺去以后，将益杀了。启便当了夏后帝。如果以禹为开国之君，启便是第二代国君；如果不算禹，启便是开国之君。从此正式形成了父传子的“私天下”。这并不决定于益与启两人才能的高低，而决定于当时的历史条件。启为了消灭反对势力，首先打败了有扈氏族，有扈氏全族当了启的牧奴；启与东夷系的斗争一直没有间断，可能跟与益的矛盾有关，因为益原属东夷系。从总趋势评价启，启跟禹一样，顺应了历史的发展，所以人们对他有一定的神化。他跟其父相似，与龙、蛇关系密切，另外他在乐舞方面可能也有特长。《山海经·大荒西经》说他耳朵上穿着两条青蛇，驾着两条龙，曾三次到天上去做客，得到了乐章《九辩》与《九歌》（此非屈原的《九歌》)，并将这些天乐带到了人间。他整理成《九招》，于是开始有了乐舞。乐舞并非个人的创造，它的起源与劳动和巫术都有关系。说成是启的功劳，表明启至少在乐舞方面很内行，并大力提倡。

夏后启作为最高统治者，难免淫逸放荡，而遭后人非议。《墨子·非乐上》从墨家尚苦思想出发，一方面描绘了启所组织的“万舞翼翼，章闻于天”的宏大壮阔的歌舞场面，一方面又骂启贪图享受，大吃大喝只知玩乐。

（2）亥与恒

亥与恒是商人的祖先。他们的事迹主要保存在《山海经》和《天问》中。前者见于《大荒东经》与《海内北经》；后者从“该秉季德”始，共有24句，都是关于他们的事。因为《天问》有问无答，很难解，今结合起来，综合译述，使读者朋友们从商王朝的发家史，得到引人深思的启发。

有个叫亥（也称该，古代两字相通）的王子，相传是商王室的旁系祖先。他的父亲名季。亥继承了季的基业。当时，商族还不是很强大，只是夏王朝的诸侯之一，在东方草原上过着游牧生活。亥很会驯养牛羊，在有易国（即有扈氏族）的河伯（人名，不是黄河水神）家中牧牛，说明商族那时还受制于有易。最初，亥的生活很苦，有时靠吃鸟头充饥。因为亥在长期畜牧生活中积累了丰富的经验，对驯养牛有特殊的贡献。最初牛是野牛，将牛变为家畜使用，是一大进步。

《世本》说“亥作服牛”，意思是说亥能够把牛驯服得为生产服役，成为拉车的牛。这在当时是一大发明，引起有易国上层的重视，亥便一跃而为有易国的上宾，住在国君招待嘉宾的官舍里，还有机会看到宫廷举行的盾牌舞表演。因为受到很好的款待，亥便变得肌肉丰满，皮肤细嫩起来。

亥的弟弟恒在家里听到哥哥因驯牛受到优厚的款待之事，便到有易国来投奔亥，想谋得一官半职。恒到有易国以后，见到有易国国王绵臣的妻子年轻貌美，便一心巴结，并和她有了不正当的关系。绵臣妻是个淫荡的女人，跟亥也有不正当的关系。有一次，兄弟两人同时到绵臣妻子那里去幽会。亥留下了，恒却跑去告密，亥被有易国的武士砍死在床上，尸身分为八块：两手两臂共四块，头和身子

图12　王亥

也被劈为四块。后来民间传说“亥有二首六身”，便是这么传开的。

绵臣杀死亥以后，恒因告密有功，得到绵臣的厚奖。绵臣把亥替河伯驯服的牛全没收了，又不还给牛的主人河伯，而给了恒。恒就这样带着一群牛回到自己的国家，其中有的是种牛。

恒这次虽然没有得到有易国的官职，却发了一笔大财，并成为本族的统治者。后来，恒的儿子上甲微继承了恒的地位和财产。

上甲微善搞权术，欺世盗名，强盛以后，便借口替亥报仇，率领大批人马，向有易国进攻。本来是一种侵略行为，他却自我吹嘘地说，前来欢迎他的有易国的老百姓多得像树上的鸟雀。终于在夏后三世十六年，上甲微吞并了有易国。从此，商族开始兴旺起来。

恒靠欺诈起家，害死了哥哥，自己的家庭反而得到长久的幸运。河伯同情有易国国王，帮助他逃走了。有易国国王在山野中建立了一个国家，这里的人便叫“摇民”。

我们曾经提到，商族的远古祖先是契，而契又是他母亲简狄吞了玄鸟的卵生下的。据说简狄的丈夫是喾。传说亥与恒的父亲季死后成为水神。那就是说，从喾到季究竟传了多少代，是很难弄清楚的，因为商人的这些祖先，神话色彩都很浓。古文献对恒与上甲微的事记载得尽管仍然很简略，但神话色彩已大大减弱，可靠的史实也越来越多。成汤是上甲微的第六世孙，他终于把夏朝灭亡，建立了殷商。商朝统治黄河流域达五百年之久。

这个历史传说的基本梗概见于《天问》，再参考有关的文献，才算有了完整的轮廓。《天问》用提问的方式揭露了商族统治者是靠欺诈和暴力发迹的，并不像他们自己说的那么神圣，什么“天命玄鸟”，什么“帝立子生商”。自古以来，历代剥削统治者，都惯于掩盖他们的罪恶，而美化他们的系谱。直至周、秦、汉，无不如此。

这一传说本身，实际是对“天命玄鸟”神话的背叛，有更多的历史真实性。

2
风俗传说

我国民间风俗很多，有信仰风俗、成年礼风俗、年节风俗、婚姻习俗、民间娱乐习俗等等。对风俗的解释，就有一则风俗传说。是风俗在先还是传说在先，有不同的情况，一般是先有风俗，后有传说。但人们为了对历史上某一重大的历史事件或某一重要的历史人物表示纪念，久而久之约定俗成，形成了某种风俗。这种风俗和有关的历史事件和人物的传闻几乎是同时产生的，很难辨别先后。一种风俗及有关的传说均体现了一个民族的政治理想、心理和审美意识。如我国南北都有的端午节和傣族的泼水节习俗及其传说的形成，便很能说明这一特点。

（1）端午节

端午是中华民族古老的节日。每年农历五月初五这一天，人们裹粽子、挂艾草、饮雄黄酒，还有大规模的划龙舟的娱乐活动，据说都是为悼念爱国诗人屈原。春秋战国时期群雄争霸，楚国三闾大夫屈原因政治抱负不能实现而自沉于汨罗江。楚人哀之，每到他投江的五月五日，便用竹筒盛米，投入水中以祭祀之。至汉代，有长沙人叫欧回的，忽然一天梦见一自称三闾大夫的人，对他说："大家祭我，实在很好，只是投祭品都被蛟龙窃走了，以后如果还有什么惠赐，请用楝叶包上，用五彩丝线缚好。这两种东西，是蛟龙所害怕的。"欧回便按照这意思去做，用粽子祭之。这便是汨罗江一带的遗风。（见《艺文类聚》四引《续齐谐记》）《荆楚岁时记》和《襄阳风俗记》皆有大同小异的记载，说明五月五日吃粽子与纪念屈原有关系。前者还增加了一种内容，谓赛龙舟是由于人们要赶到屈原去世的汨罗江去拯救屈原。端午源于屈原的解释一直流传至今。

然而，还有比这更早的两种传说：

一说是春秋早期的介之推，曾随同晋国的公子重耳长期流亡国外。后来，重耳回国当了国君，每个随臣都得到了恩赏，唯独遗漏了介之推。介便躲进深山与世隔绝。晋文公（重耳）想起他来后，便请他下山，但他拒不相见。重耳只得命人放火烧山，催他出来。介之推却抱木而烧死。重耳悔痛之极，为悼念介，就下令在介死的五月五日这天，全国不得举烟火。这便是古老的寒食节。[①]后又

① 见《后汉书 · 周处传》、《艺文类聚》卷四引《琴操》、《北堂书钞》卷一五五引《邺中记》。

演变为清明节。

另一说是春秋晚期吴国大臣伍子胥曾劝谏吴王夫差勤理国政，防备外患，结果反被夫差逼令自杀，尸体被装进皮袋，扔入江中。吴人深为不平，就在他惨死的五月五日，驾舟在江上奏乐舞蹈以娱死者。所以《荆楚岁时记》加以说明："斯又东吴之俗，事在子胥，不关屈平（屈原）也。"原来吴越这一风俗比楚国早，楚地这一风俗甚至可能是吴越传过去的。

此外，还有起源于孝女曹娥之说、越王勾践之说等等，最后被后人接受和认同的，却是端午乃纪念屈原的节日。这一传说已得到广泛的传播，并基本定型。这是传说之间的竞争，人们觉得此说更合理，更能表达共同的意愿，因而选择了它解释端午的起源，其他诸说便慢慢被大家所淡忘了。

（2）傣族泼水节

泼水节不但在我国傣族盛行，东南亚的泰国、缅甸、老挝等国也有这一节日。泼水节一年一度，在清明节后，有说七天，有说十天左右。这一节日现在已成为人们尽情娱乐的欢快时日，关于它的来源已很少追究。它可能与宗教信仰有关，也可能跟傣族特殊的地理气候有关，人们选择当地旱季与雨季交替的季节欢度节日，意味人们要进入耕耘的农忙时节。同时，民间也流传着几种不同的传说。其中最古老的传说保存在一部长篇史诗《巴塔麻嘎捧尚罗》[①]中。

史诗保存了傣族古老而庞大的神系世界。其中历法神捧麻远冉狂傲无礼，天王玛哈捧使其闭目睡倒10万年。想不到此神的七个女儿与第三层天神帕雅英相勾结。七个女儿为了争当帕雅英的王后，便用七人的头发所做的弓，割下了捧麻远冉的头颅，闯下了大祸。众神为了救活捧麻远冉，只好到森林里砍下了大象的头为他安上，此神从此便成为象首之神。

七个女儿因犯了杀神父之罪，被赶下天层，并轮流抱着神首赎罪。一人抱头，其余六人不断泼水，免成火灾。要一直泼到神头不再喷火，七女的罪才算赎清。这是傣族著名的关于泼水节的早期内容。

随着小乘佛教由印度传入傣族地区，泼水节传说的内容便有了改变，将这一天说成是佛的生日，又叫“浴佛节”。据说释迦牟尼成佛之前，在河里洗了一次澡，精神爽快，身体感觉甚佳，才得彻底觉悟而成佛。佛徒为效法佛祖，也希望经过洗浴后成佛，故佛寺中这天要举行浴佛的盛典，并相互泼水。其实这是晚出的。现代人过泼水节，多是相互嬉戏，相互祝福，已没有多少宗教色彩。

---

① 《巴塔麻嘎捧尚罗》是云南省西双版纳自治州少数民族古籍研究室发掘的傣族古文献，已由岩温扁翻译，云南人民出版社1989年出版。

3
景观传说

我国的名山大川极负盛名，并流传着系列的解释性传说。这些传说大都有明确的倾向性，贯穿了民众的道德评价，反映了大多数人的审美观。我国现在能听到、读到的这类传说，绝大部分是封建社会晚期以后的作品，它们至今还在广泛流传。景点因为传说性的解释，使无生命的似乎变得有了灵性、有了生命，更具观赏性，更能吸引游人。传说因为黏附在某一景点上，增强了它的可信性而脍炙人口。两者相辅相成，交相辉映。

人们由崇拜山川到欣赏山川的自然景观，并为它们的雄伟或优美而打动，由此生发出种种想象。这较之原始神话的想象无疑已大大前进了一步。人们能借物移情，说明在精神领域已逐步挣脱对自然力的依赖和恐惧，由不自觉状态向自觉的艺术创造迈进。当然，由于历史的局限，对这一由不自觉到比较自觉的转化，不能估计过高。从文化发展史的眼光去对待，这是长链条上的一个环节，切忌从纯科学的角度去分析。现举两则较古老的传说为例。

（1）巫山神女峰

巫山，地处长江中游，原属楚国，今属湖北宜昌。当人们乘坐游轮，畅游长江三峡时，每至巫山，都要争睹神女峰那纤丽奇峭的风采——宛如一位亭亭玉立的少女，站在高山之巅，俯视着热闹非凡的人间。你若把它看作一块无生命的峻石，给人的感觉冷冰冰；你若把那想象为一位纤巧动人的少女，越看越感到秀美多姿，真似一位凝视人间而又绰约幽静的女神。

有关这位神女的传说，最初由神话演变而来。《山海经·中山经》说：在姑媱山上，天帝女儿死后的尸体，变成了一种“瑶草”，结出的果实，谁吃了谁便招人喜爱。这颇有些爱之神果的味道。后人在此基础上，给变瑶草的天帝之女取了一个很有诗意的名字：“天帝之季女（三女儿），名曰瑶姬，未行（未嫁）而亡，封于巫山之阳（向阳的南面）。精魂为草，实为灵芝。”（《水经注·江水》）这已经与巫山相连了，但尚未“复活”为神女。

神女峰完全人格化的传说较为完整地被记录下来，还要归功于道教经籍。《墉城集仙录》说：瑶姬又叫云华夫人，是西王母的第23个女儿，太真王夫人的妹妹。有一次她游东海回来，发现巫山景色幽丽，巨石如坛，久久流连，未能离去。当时正好大禹治水，驻在山下，大风突至，岩石都被震落，无法制止。大禹求助于瑶姬，她命侍女授大禹一册驱除鬼神之书，又派遣她的一些属神帮助大禹劈石疏流，使江水排除了阻塞，畅通而下。禹一再拜谢。禹常到高山之巅去拜见瑶姬。哪知，转眼之际，瑶姬忽然化成了大石……（见《太平广记》卷五六所引）

所谓云华夫人、太真等都属于道教神仙，显然这是被道教所改造了的神话传说，但它的基本内容仍保留了民间的格调。后人把瑶姬变巫山神女的传说与大禹治水的传说糅合起来，使瑶姬成为有益于人的女山神，更为可亲。

（2）鸟吊山

1000多年前，北魏郦道元写《水经注》时，记下了这样一则传说："（叶榆）县，故滇池叶榆之国也。汉武帝元封二年，使唐蒙开之，以为益州郡。郡有叶榆县，县西北八十里，有吊鸟山。众鸟千百为群，其会，呜呼啁晰。每岁七八月至，十六七日则止，一岁六至。雉雀来吊，夜燃火伺取之。其无嗉不食，似特悲者，以为义则不取也。俗言凤凰死于此山，故众鸟来吊。因名吊鸟。"

古代的叶榆县，就是现在的大理市。鸟吊山，白族又叫天马山，每年确有《水经注》所说的那种奇异景观。当地人说，飞集来的鸟类，多时达两百种以上，大的体如小羊，小的只有蝴蝶那么大。如果晚上燃起篝火，群鸟即向火中扑来，故民间称这种景观为“鸟会”。为什么每年此时，鸟儿们如此集中地出现于天马山，而且出现集体“自杀”火焚的悲壮景象，延续千年以上而不衰呢？这本是一种自然现象，科学家们初步认为，这可能是鸟类由青海迁往东南的必经之处，当它们飞到这座山时，正是浓雾季节，容易迷失方向，因而群集此山，一旦见有火光，便迎亮而去。但是这个解释并没有为大家所认可，至今仍是谜。对于古人当然更具神秘性。他们也企图寻求解释，不过答案是一则动人的传说：从前，有一对凤凰栖息在天马山上。别处的鸟儿为了朝拜这一对鸟中之王，每年秋天都到天马山来聚会。凤凰不但款待它们，而且又歌又舞，欢乐不已。不幸有一年，当鸟儿们正在狂欢之时，突然浓雾弥漫，寒风瑟瑟，众鸟乱飞乱撞，发出了唧唧的哀鸣求救之声。凤凰为了救助群鸟，毅然拔下身上的羽毛，分送给百鸟，让它们赶紧飞逃。鸟儿们都脱险了，而凤凰却因为没有了羽毛，再也飞不起来了，最后冻死在白雪皑皑的天马山上。

百鸟自然很悲痛，一到秋天，也就是凤凰死去的那段时日，它们依然群集旧地，为的是悼念崇高的凤凰。人们同情鸟儿们之间的深重情义，便改称天马山为鸟吊山。由于这一传说很富于情感色彩，鸟会和鸟吊山成为大理市的著名景观之一。人们把百鸟投火也视为一种极度的悲伤和对凤凰的追念。

4
事物来源传说

传说对事物的解释不同于神话。神话作者爱追究天地万物及人类来源，都是一些很大很深奥的问题。他们想知道的是所有的河流、动物、植物的形成。传说的作者更细致，他们解释事物的来源是从小处着眼。如河，不是笼统的河，而是某一条具体的河；云，不是所有的云，而是特定地区的某一片云，为什么会变幻莫测等等。当然，神话传说的解释都不是科学的，而是想象的、艺术的，传说的解释尤有人间情趣。

传说擅长突出事物最醒目的特点而加以解释之，如湘妃竹为什么有斑点，杭州的飞来峰为什么叫这个名称，杜鹃的啼声为什么听了让人感到悲哀，海南岛的五指山为什么是五只手指的形状等等。这类传说起源古老，但生命力很顽强，一直到近代、现代，还不断有新起的作品。这里仅介绍一则从神话演变而来的蚕与桑的传说。

《山海经·海外北经》说："欧丝之野，在大（支）踵东，一女子跪据树欧丝。”

传说支踵国的人走路脚后跟不着地，在这个国家的东边，有一个女子跪踞在树上吐丝。这是神话，即丝是女子吐出来的，事实上丝乃蚕吐，已示意蚕即女子所变之意。养蚕理丝最早本是妇女的发明，本书前文已提到黄帝的正妻嫘祖便是最早养蚕的文化英雄，原始先民把蚕与妇女联系在一起的想象看来不是全无根据的。人们在长期养蚕的过程中，发现蚕首和马首颇为相似，加以万物有灵、人兽合体、人禽通婚等原始思维的遗留，人们又把蚕跟妇女及马同时联系起来，而创作了蚕马传说。《搜神记》卷十四首次记下了这篇作品，译为现代汉语，意为：

从前有人说，在太古时期，有一酋长远征，家中没有别人，只有一个女儿，还有一匹牡马（雄马），由女儿饲养。因地处偏僻，这少女深感寂寞，日久则思念起父亲来，便对牡马说了一句开玩笑的话：“你如果能把父亲给我迎回来，我就嫁给你。”马听到这话，立即挣断了缰绳，径直找到了酋长。酋长见到自家的马，很惊喜地骑上去了，不料马总望着来的方向，悲鸣不已。他便想道：“这马不是无故如此，是不是家中发生了什么事？”便赶紧回家。因感此马有非常之情，便精心饲养，可是马不吃食，每见少女出入，喜怒异常，直立奋击，这样不止一次。当父亲的很奇怪，悄悄地问女儿，女儿便把情况都告诉了父亲。父亲说："不要说出去，恐辱家门。你不要再进进出出了。"父亲便将马射杀，剥下马皮晒于庭院。当酋长外出的时候，女儿与邻家女友在马皮前嬉戏，并用足踢马皮说："你是畜牲，竟欲娶人为妻，现被屠宰剥皮，是自找苦吃。"她的话还没有说完，马皮骤然飞起，将女裹卷腾空而去。邻家女孩不敢去救，只好赶紧去告诉酋长。酋长回家到处搜索，已经找不到了。数日以后，马皮和女化为蚕，分布在一棵大树上。这种蚕吐的丝质地特别好，跟常见的蚕不一样。妇女们都养这种蚕，比普通的丝多数倍。那棵大树便叫桑树。大家争着种植这种树喂蚕。

这显然是由人兽婚配的神话演变而来。《搜神记》是晋代干宝辑录编撰的志怪小说，广泛运用了民间神话传说，同时也有后世的思想意识及道德观念。如"恐辱家门"便是封建社会门第观念的反映。这一传说寓教于乐，告诫人们应该言而有信，否则后果不堪设想。

5
爱情婚姻传说

古代这类作品特别多，除了四大传说故事（牛郎织女、孟姜女哭长城、白蛇与许仙、梁山伯与祝英台）之外，《楚辞》留下的山鬼、湘君与湘夫人、河伯与雒嫔的形象，都表现了古人相恋和婚配的特点，是古代家庭婚姻形式的反映。

自有人类以来，便有两性的交配，但不一定是爱情。以爱情为基础的婚姻至少在一夫一妻制出现以后，或者有相对稳定的两性结合的家庭以后。到阶级社会，爱情无不打上阶级的烙印，人性和情爱的受压抑，使男女青年更向往自由幸福的爱情生活。因此爱情传说绝大多数是阶级社会的产物，充分展现了人的情感世界，有不少优秀之作，动人肺腑。《韩凭夫妇》只不过是其中之一：

韩凭是战国时宋康王的舍人（近侍官），妻子何氏很美，被康王所夺。韩凭愤恨，又被康王囚禁，并罚他每日早上去做苦工。何氏暗中给丈夫一信，隐晦其词："其雨淫淫，河大水深，日出当心。”此信落入康王手中。他左右的人都不解其意，只有一名叫苏贺的臣子说：“这是说既忧愁又思念，可是不能相互往来，真有死的念头。”不久，韩凭便自杀了。何氏暗自将自己的衣服弄朽烂了，趁与康王上高台的机会，欲跳台寻死。左右的人抓她的衣服，衣服都成了碎片。她的遗书说：“王希望我活得好，我认为死了好，请将我的尸骨与韩凭合葬。”康王怒，不听，偏偏将他们埋在遥遥相对的两个地方，还说：“你们夫妇相爱得很，如能使坟墓连在一起，那我就不阻拦了。”突然一夜之间两坟的顶端长出两棵大梓树，十日后成合抱大树，树身弯曲相连，树根亦交叉在一块儿。树枝交错，一对鸳鸯鸟栖息树上，朝夕不离，交颈悲鸣，声音感人。宋人为他们夫妇而悲哀，便称这树是“相思树”。南人说，鸟乃这夫妇二人的精魂。（译自《搜神记》卷十一）

这一传说的结尾手法，对后世民间传说及文人创作都有较大的影响。

苗族有一篇将太阳、月亮、乌云和水人格化的爱情传说，在黔东南苗族地区非常流行，用女主人公的名字命名为《仰阿莎》。汉译意是“清水姑娘”。她从水井里生出来，美丽非凡。她的歌舞能吸引百鸟百兽来同她谈情说爱，然而她并不接受它们的追求。后来太阳看上了她，派乌云来作媒，仰阿莎轻信了乌云的话，与太阳结了婚。太阳的身份是理老兼商人，很有权势，外出经商，一去六年不回家。这期间，清水姑娘与太阳的弟弟月亮相爱了。月亮勤劳，是太阳家的长工，自与清水姑娘相爱以后，他们便逃到一个遥远的地方去了。以后，太阳跟他们双方请理老评理，理老支持月亮与仰阿莎在一起，但江山必须让给太阳。传说便是从那个时候开始，太阳永久占据了白天。这一传说被苗族赞为“美丽歌”，同时也有散文流传。

《仰阿莎》反映的是对偶婚家庭形式（一男一女在一段时间内保持相对稳定的偶居生活），因此婚姻不是很固定。弟弟与哥哥的妻子私奔，在封建社会必定受到舆论的谴责。而理老反而支持这一行动，说明这一传说的原始形态很古老，以后才逐渐有了阶级社会的投影。

九
早期仙人传说

从先秦到晚近，我国广泛流传一种仙话，即凡人当神仙的故事。它们的产生大致可以分为三个阶段：第一个阶段，从先秦到西汉，这时道教还没有产生，又正是原始神话大量用文字记录的阶段。仙话可说是神话的一个重要支流。通常，《山海经》可说是古代一部最全面的奇书，从神话言，又是上古神话专集，还从未有学人称它是神话与仙话专集，其实，其中有一定数量的仙话。可见早期的仙话可以算神话的一部分。第二个阶段，东汉道教产生前后，直至唐宋，道教大量改造古代的神话、传说与仙话，加上新编的神仙故事，组成了一个庞大的道教神仙系统，精华糟粕交集，情况很复杂，与原始神话的分野日渐明显，人为宗教色彩较浓。第三个阶段，宋以后直至明清，民间反其道而行，大量改造道教的神仙故事，愈到封建社会晚期，仙话的民主色彩愈浓。如著名的八仙过海各显神通的故事，本属道教人物的传说，被民间改造以后，却很有情趣，受到更多人的喜爱。异常精致的短篇文言小说《聊斋志异》，其中部分便取材于民间仙话。妇孺皆知的《白蛇传》，实际上综合了灵怪故事、佛道相争、仙话与爱情传说的特点。所以这一阶段的仙话与其他文艺体裁的相互渗透很普遍。

因此，笼统地说仙话是或否属于神话皆不合适。仙话早期与神话关系密切，后期作品已自成系统，另当别论。

1

早期仙人传说孕育于神话的母胎

什么是“仙”，可以从这个字的组成找到解释，左边是“人”，右边是“山”，也就是说，仙，即在深山或高山之人。古代对仙还有另外两种解释：一说古字的仙写作“僊”或“罨”，即今日简化的“迁”；一说老而不死的叫仙。这三种解释合在一块，仙即那种老而不死，并迁入山上之人。说明最早的仙境在高山。

最初，古人认为成仙，首先应该是灵魂升迁，即死后用柴薪焚化，这种火葬，古人叫“登遐”，意思是人死只是肉体死，灵魂可以乘火上天而达到永生的目的。传说有位仙人宁封子便是用“火解法”成仙的。据说此人生活在黄帝时期，为黄帝掌管烧陶。一次有神人到那里，教他掌火，火便冒出五种颜色的烟来。此神人把技术传给了宁封子，结果宁封子用这种办法把自己烧了，那烟气上下飘忽。人们从灰烬中还发现他的骨骸。大家把他埋在宁北山上，并称他叫“宁封子”，意思是封闭在宁北山中。（见

《列仙传》卷上）后来，人们对于只是灵魂升天已不满足，又有了更高的向往，希望肉体也能升天，如此才能永生。于是便出现了服长生药，以及用符咒、食气等办法，达到轻身飞升的目的。

人类对死亡的恐惧及对生命的珍惜，在原始思维中已萌芽。灵魂不死信仰与变形观念，都是原始先民抗拒死亡的一种手段，再在此基础上生发出起死回生及不死药的种种想象。比如人要升天成仙，就必须身有羽翼，否则身子再轻恐怕也难起飞。于是，原始先民想象最初的仙人，必是羽毛之仙。《山海经·海外南经》记："羽民国……其为人长头，身生羽。一曰在比翼鸟东南，其为人长颊。"《论衡·无形篇》说得更明白："图仙人之形，体生毛，臂变为翼，行于云则年增矣，千岁不死。"《楚辞·远游》说："仍羽人于丹丘兮，留不死之旧乡。"这羽人，便是飞仙，丹丘指昼夜常明的地方。能飞到那个地方的人，便可不死。《山海经》的《海外南经》与《大荒南经》还有"不死民"与"不死之国"的记载。这都是孕育于神话母腹中的仙话胚胎。它们可算是神话的组成部分，跟后世的道教神仙故事毫不相关。

在一些民族中，还发现为数可观的"不死药"神话，可以进一步证明，早期仙话的长生不死思想，实际上源于神话。比如纳西族传说，古代有一小伙子，叫崇人抛鼎，不幸父母突然病故。他听说在遥远的灵山顶上，长着一种延寿草，山脚有回生水甘泉。他历尽艰辛才找到延寿草和回生水，然而在归途中被魔鬼堵路，藏在牦牛角里的回生水都泼洒掉了，最终未能救活父母。但从此太阳、月亮、星星更明亮了，地上万物生机盎然，原来它们都溅到了回生水。苗族传说，有一位名叫榜香由的青年，因偷吃了天上长生不死的仙果，死后被剁碎，他身体的碎块立即幻化成地上万物。佤族说，灵芝使病危的姑娘脱险。傈僳族说，一位妇女从死蛇的复活，发现一种擦身的树叶，治好了病瘫的丈夫……

2
仙境的两大系

神话中长生不老的目的是升天，自秦汉正式有所谓的仙人出现以后，仙境已不是天上，而是地上。那时的仙境，公认有两大系：一是西方的昆仑山，另一是东方的蓬莱山。

（1）西方昆仑

昆仑山，又称昆仑虚、昆仑丘或玉山。地理观念上的昆仑山，西起帕米尔高原东部，横贯新疆、西藏间，伸延至青海境内，全长约2500公里。古代神话中的西方昆仑，是汉以前地理上的昆仑一名与传说中昆仑的结合。

昆仑由神话世界变为仙境，有一个过程。如《山海经·西次三经》说，昆仑是天帝在地上的都城，那里除了有九尾虎身的陆吾神守护之外，还有一种长了四只角，有些像羊的兽，名土蝼，能吃人。山上的鸟，样子如蜂，却大得如鸳鸯。有一种开黄花结红果的树，果子味道如李，无核，名叫沙棠，吃了能御水而不溺死。这明明是怪异的神话世界。

同样是昆仑，在《淮南子·地形训》则是别一样景状：

> 昆仑……有增城九重（一层比一层高的城池），其高万一千里百一十四步二尺六寸。上有木禾，其修五寻。珠树、玉树、琁树、不死树在其西，沙棠、琅玕在其东，绛树（赤色玉树）在其南，碧树、瑶树在其北。旁有四百四十门。门间四里，里间九纯，纯丈五尺。旁有九井，玉横（承受不死药之器）维其西北隅。北门开以纳不周之风。倾宫（占一顷地之宫）、旋室（用玉所饰之室）、县圃、凉风、樊桐在昆仑阊阖之中，是其疏圃。疏圃之池，浸之黄水（疑为泉水），黄水三周复其原，是谓丹水（赤色水），饮之不死。

仙界所需之物，这里应有尽有，有不死树、不死药、不死水等等。装饰以玉为基本材料，异兽之类已无踪影，纯属于理想的仙境。据说，早期仙人，不必修炼，只要吃些以上的不死之物便可达到长生不死的目的。传说黄帝吃的是一种玉膏，从神话英雄变成了仙界首领。昆仑已非昔日可比，俨然是仙人的老家。

传说中的昆仑，既高且大，为中央之极，也是连接天地的天柱，仙人万一还想上天，这是绝妙的歇脚之处。昆仑又是黄河之源，黄河是母亲河，古人出于这种崇拜心理，将昆仑由神山转化为仙山便顺理成章。

（2）东方蓬莱

蓬莱成为传说中的仙山，出现在昆仑之后，纯属秦汉以后兴起的神仙信仰的产物，人为色彩已经很浓，是形成道教的先声。神仙思想的核心是不老不死，它源于神话思维，正式形成仙人、仙话却是在阶级社会。纵观两千年的仙话史，它与神话既相联系，后来又有区分。

神界最早的神是动物，非人。仙的原型是人。仙是人的理想化，仙境是人生的理想阶段，中心围绕着人的活动和欲求。动物不能直接成仙，必须经过长期的修炼，先成精，后成人，最后才有成仙的可能。中间若碰到意外的挫折，还有可能前功尽弃。

那么，为什么秦汉时期会兴起成仙之风？这与先秦的战乱有关。战国时期，各国都想统一中国，战事不停，人们生命没有保障，渴望有一个超尘脱俗的仙境，既能远离战火之害，又可修身养性，延年益寿，便在神话幻想的启发下，想象出一个仙界。秦、汉统一以后，最高统治者为了能永远享受舒适的生活，更希望长命，最好是不死，于是从上至下，掀起了狂热的神仙信仰。由巫士转变而来的方士们，其中一部分是当时对文化很有贡献的知识分子，也有一部分为了一己的名利，不惜去迎合最高统治者，大肆宣传传闻中的海上蓬莱、方丈、瀛洲，这便是东方的“三仙山”，也有“五神山”之说，总称为东方的蓬莱仙境。战国时期的齐威王、齐宣王与燕昭王，以及秦始皇、汉武帝都曾劳民伤财地派人去寻找蓬莱仙境，但没有一个人真正到达过，不是三神山隐于水下，便是因大风所阻，半途而返。可见所谓仙山，实在很虚无缥缈，是那部分方士的瞎编乱造。

其中有一方士徐福，齐人，曾向秦始皇上书，入海求仙。在秦始皇二十八年（前219年），带了数千童男童女，花了很多钱，没有结果，后干脆一去不返。徐福究竟到哪里去了？中国和日本的民间都说他去了日本，有的传说还把徐福描绘成因为逃避秦始皇的暴政而远渡重洋。到日本以后，他用带去的种子和农具，在日本传播中国的农耕技术，被日本民间尊称为“司民耕神”和“司药神”。传说日本有三个地方叫蓬莱，即富士山、热田神宫与熊野三山。熊野有徐福的墓。日语“富士”的原意，含有“不死”之意。徐福东渡的传说在日本和东南亚都有广泛的影响。当然，徐福是不是真的东渡了，东渡能否有条件带领数千童男童女，这属于学术问题，中外学者仍在探讨。

东方蓬莱仙境兴起之后，逐渐取代了西方昆仑，成为长盛不衰的仙人家乡。民间一提仙境，多知蓬莱，鲜提昆仑。汉代帝王中的仙迷武帝，专门在皇宫的甘泉宫造了一座人工的太液池，上面便有传闻的蓬莱等仙山，耗资甚巨。

3
历史人物与仙人传说

仙话数量之多，难以统计，总体上对中国传统文化中的飘逸的、诗意的境界，丰富的想象，民族的凝聚力及人情味、道德感等，都有影响，屈原、陶渊明、李白等人的作品可为证。限于篇幅，只能介绍少数几位历史人物与仙话的关系，略窥早期仙人传说的某些特点。

（1）周穆王

周穆王继位时已经50岁了，在位55年而崩，是古代的长寿帝王。也许因为他长寿，后世便传说周穆王游行四海，见到了帝台的西王母；有的说穆王西巡，有偃师求见；有的说他与西王母一同成仙而去等等。

偃师是一位能工巧匠，他所做的人跟真人一样，能唱能舞，穆王大加称赞①，便把他带回了皇宫。穆王西行，有人向他献一尺长的玉刀，切玉如切泥；还有献夜光杯

① 可能是中国古代木偶戏的前身。

的。又传说，连雨三月，穆王吹起了笛子将雨止住……总之，这不是历史上的那位穆王，而是一位奇遇奇事不断的传说化了的帝王。他最大的奇遇是与西王母的会见。他对西王母毕恭毕敬，手执白圭和玄璧，献上彩色丝带三百纯。西王母设宴款待，双方用歌对答。穆王离开后，走到弇山之上，把这段会面的事用铭文刻在那里，并改名为“西王母之山”。（见《穆天子传》《十洲记》《拾遗记》等）后人在此基础上，进一步把穆天子仙化，说他与西王母吃一种黑枣，这种枣一百年才成熟一次，果实有二尺长。又说他与西王母欢歌以后，升云而去，或西王母亲自到穆王之宫，一同升云而去。这其间，已经是神话与后世道教神仙可成思想的混合体。

（2）扁鹊

春秋时良医，渤海郡鄚（今河北任丘）人，姓秦，名越人，“扁鹊”是他在赵国行医时的名号。在中医史上，人称他是脉道的开山鼻祖。由于医术高明，扁鹊名传天下。关于他行医起死回生的传说甚多，如有一次，他经过虢国，这个小国正好为太子办丧事。扁鹊向一位喜好方技之术的中庶子打听太子的病情，听了以后，他断定那是因为阳衰阴盛，气逆而死，可以救活。幸好太子死后不到半天，两腿以下尚温热，扁鹊用针灸的办法，配以汤药，使太子身体不久即复原，从此更加有名。他还能观察出一个病人体内的病变，如齐国桓侯没有觉得哪儿不舒服，但扁鹊说他有病，他不信，一段时间以后，扁鹊再见桓侯，拔腿便跑，桓侯派人去问他为什么跑了，他说桓侯的病已深入骨髓，无法治了。果然桓侯不久病倒，很快就死了。这时扁鹊已逃离了齐国。

扁鹊从哪儿学会观察人体内部的病变呢？据说是长桑君传授的。扁鹊早在青年时期，曾在一客舍任掌柜，客人之中有一位叫长桑君的，气度与常人有别，扁鹊小心谨慎地接待。长桑君也一眼看出扁鹊为非常之人，彼此都注意到对方。一日，长桑君约扁鹊交谈，对他说："我有禁方，现在我已年老，想传授给你，但希望你不要泄漏出去。"扁鹊答应守密。长桑君将秘方与禁书交出后，瞬间便不见了。

这位神秘的长桑君，可能便是当时的隐士、方士兼神仙家。扁鹊因为曾服过长桑君的药，30日以后，不但能看到人的内脏，而且他的视力还能穿透墙壁。他便成了传说中服过仙药的仙医。

扁鹊是被同行出于嫉妒而刺死的。死后，人们缅怀他在医药方面的贡献，将他奉为药王之一。宋仁宗于景祐元年（1034年），又追封扁鹊为"灵应侯"，并修了庙。民间传说，药王祠前有地数亩，病者掘土即能治病。人们有求必应，应则必灵。[①]

（3）张良

张良是人所共知的汉代开国帝王刘邦打天下的有功名臣，后弃官隐居。他的成就与黄石公有关系。《史记·留侯世家》说，张良年轻时因谋刺秦始皇未能如愿，更名换姓，亡命下邳。一日，在桥上遇一老翁，粗布短衣，故意将一只鞋掉到桥下，要张良替他拾上来。张良很想揍他一顿，因为见对方很老，只有忍下来。鞋子捡上来，老翁还要求给他穿上，张良只好跪在地上替他穿好。老者认为张良可以调教，约张良五日后在桥上会面。张良如约前往，老者已先到，将张良斥责了一顿。五日后张良鸡鸣即往，老者依然先到。第三次，张良半夜里便去了，不久，老者也到了，非常高兴，从怀中取出一竹简所编之书交张良，并对他说："好好读此书，日后可当帝王之师，十年后则兴，十三年后到济北来见我。谷城山下那块黄石便是我。"这一自称黄石的老者便神秘地消失了。他留下的兵书叫《太公兵法》，张良靠它辅助刘邦夺取了天下。

司马迁所记以上传说，未必是史实，而是民间传闻，后人在此基础上添枝加叶，进一步演化，把一块人格化的

① 参看《史记》《宋史》《稗史汇编》等。

石头附会成历史上确有其人。《历代神仙通鉴》说黄石公原名黄初平，是东周晋国人，后得道成仙。也有的说他与有名的仙人赤松子是同一个人。如：

> 晋，皇（黄）初平，兰溪人。牧羊遇道士，将至金华山石室中，兄初起寻之四十余年，一日逢道士，引入山相见。问羊安在？初平曰：“在山之东。”初起视之，但见白石。初平叱之，石皆成羊。初起遂绝粒，服松柏、茯苓，亦得仙。后还乡，其族尽亡，乃复去。初平别号赤松子。（《仙释》卷二二）

东周还没有道教，哪来的道士，可见是后人为传道需要所编。黄石公演化而来的赤松子，又被称为“赤松黄大仙”，被东南沿海一带所敬奉，并由此传入东南亚一带。

张良既然得黄石公谪传，自然沾染了仙气。加以他入关后多病，便向刘邦表示：“今以三寸舌为帝者师，封万户，位列侯，此布衣之极，于良足矣。愿弃人间事，欲从赤松子游耳。”据说，得兵书十三年后，张良随刘邦路过济北，果见一黄石，便带回奉祀，逝世时，与之同葬，共享家人祭扫。

十

最后的话

以上所提及的古神话传说，无论是种类还是作品本身，远不是全貌，只是一个非常粗略的轮廓。通常的神话著作，都是把开天辟地放在首篇，那是用现代意识去理解原始人的思维进展。人类对于宇宙世界的好奇，并希求得到解释，只可能在思维能力达到较高水平以后才有可能。本书力求按神话产生发展的顺序梳理，一般先产生的神话种类靠前，依次排列。其中也有个别情况例外，如文化英雄神，从渔猎社会、农耕社会，直至原始社会末到奴隶社会，随着文化的进展，一直没有停止产生。创造文字的神不可能出现在没有文字的社会。文字的产生，本是人类经过结绳记事，以物代语，刻画象形符号等长期实践的结果，自然不是某一个人的功劳。文字被创造出来，对推动人类文明有不可取代的作用。

古人对文字的作用有直接的感受，却不可能科学地总结文字起源的过程和规律，仓颉造字之说便是这么来的。传说仓颉有龙的样子，四只眼睛，灵光四射；既聪明，又有德行；一生下来便能写字。(见《世本》)又说，仓颉创造出文字以后，“天为雨粟，鬼为夜哭，龙乃潜藏”(《路史·前纪六》)，把文字的威力作了极度的夸张，其表述的方式完全是神话的。仓颉这位文化英雄，无论如何应是原始社会文化英雄们的子孙。任何一位个别的文化英雄，可以在某一特定的历史阶段找到其位置，然而文化英雄的神话传说作为一个大类，就不好硬性给它划分时期。

图13　四川大凉山耳苏人的图画文字

过去，外国学者因对中国神话传说不了解，误以为中国神话传说少，甚至没有。其实我国的神话传说很丰富，只是因为古代没有流传下来的史诗，神话的系统化和文学化很不充分。可是，中国古代留下了大量志怪小说、传奇小说，还有那些哲学家、历史学家、地理学家等的著作中，都客观地为后人保存了大量神话。近几十年，我国所发现的数以百计的民族的史诗，其中有的已将一个民族的神话传说系统化。如前面提到的傣族史诗《巴塔麻嘎捧尚罗》(即《创世之神》)，开篇所述是茫茫太空，只有滚动的烟雾和升腾的气浪，加上呼啸的大风和晃荡的大水。从气浪中诞生了太空巨神英叭（即气浪或光波之神）。此神的母亲是气浪，父亲是大风。后来，水中又出现了一条水神鱼。巨神英叭用自己身上的污垢捏成了一个大果（即地球）和一只大象。天分16层，英叭所创造的神分别住在16层天上，组成了庞大的神系。神造的人相互婚配，繁殖的人越来越多，在绿蛇的引诱下吃了神界的疾病果，从此人便有了死亡，而蛇只蜕皮，却能长寿。第一代人毁灭于水灾与火灾；第二代人因乱伦被天神所消灭；第三代人是幸存于葫芦之中的兄妹，即“葫芦人”的后代。这部史诗不但有成体系的丰富的神话，而且保存了大量的古代风俗以及传说。最后是叙述傣族两个支系由分支、迁徙到定居的过程，其中一支叫“泐西双邦”，“西双”是十二，“邦”指部落群。此外，我国各民族还有为数可观的散文神话。所有这些，都是中华民族极其珍贵的文化遗产，为我们了解人类的幼年期，提供了许多参考资料。因此，对我国神话传说这座文化宝库，要用科学的方法、正确的观点加以批判接受。

神话既是一种原始文学，也是自成系统的文化现象。后人可以借助它认识和描述原始初民的世界。

第一，古神话传说是上古社会意识形态的统一体。

那时候的人不可能像我们现代人，把哲学、宗教、伦理道德、历史、文学艺术等作明确而细致的分工，而这些恰恰在神话中都有体现。

从哲学的角度看，古神话传说反映了上古人们原始的整体观。他们从感性出发，把自己所感觉到的世界看作是一个极大极大的整体，在这个整体中，一切事物之间都相互依存，相互联系，相互转化。这个大整体，神话创作者认为是绝对不可分割的，天不能没有地，地上的变化跟天有关系，天上如果缺了口子，地上必然洪水横流。人和动物不但相互有密切的关系，甚至人和动物、植物、无生物都是同一个层次，可以相互变换位置，物可以变人，人可以变物。基于这种观念，时间的顺序可以颠倒。于是主观想象非常活跃，事物与事物之间可以借助想象发生联系，以至混同。所有的空间，全部的历史流程，都成为神话活跃的背景与舞台。这自然十分荒诞离奇，但却蕴含了可贵的原始文化史资料，证明人类思维确实曾经历过一个缺乏分析综合的整体观的阶段。这是集体无意识的成果，并不是以理性认识为基础，与科学的整体观有本质的不同。

从宗教的角度去观察，神话与宗教的关系尤其密切。原始人认为处处皆神灵，这种多神崇拜就是最初的宗教。人们有神灵观念，正是人类最初从蒙昧到创造文化的肇始。宗教本身就是最早的文化现象之一。从蒙昧无知到通过神灵的帮助去认识世界是一个进步，将来人类由有宗教信仰到宗教的消失自然是更大的进步。很多民族的神话的主要功能是作为原始宗教的圣经，凡在重大的节日和祭祀活动中，都要由有威信的年长巫师，诵讲本民族的创世纪，即诗体的神话传说。世界上很多宗教研究家，同时也研究神话。

神话的发展演变，有社会发展的投影。神话的女性神，后来成了男性神。太阳之母羲和与月亮之神常羲，很可能是早期的太阳神和月亮神，后来她们竟然都成了帝俊的妻子，这明明是一夫多妻制以后的变化，表明女神的地位已一落千丈。以后，太阳成了统治者的象征。人们对太阳的态度便有了改变，有崇拜、惧怕，也有诅咒和憎恶。有些民族后期的传说故事，如已介绍的苗族的《仰阿莎》(清水姑娘)，太阳已完全是反面形象。刑天是最著名的反抗神，他要与天帝争位子，天帝砍掉了他的头，

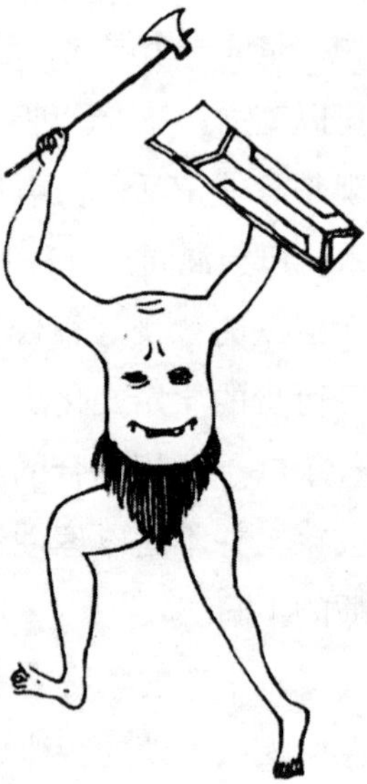

图14　刑天

他使用乳头作眼睛，以肚脐作嘴巴，拿着盾牌、斧头挥舞不止。天帝又砍断了他的手，使其尸体不全，被埋在常羊山上。(见《山海经·海外西经》与《淮南子·地形训》)一般都认为这一神话是被压迫者要推翻最高统治者的折射，刑天的斗志不移和天帝的残酷无情都很鲜明。

第二，古神话传说的原始自然科学价值。

原始初民对人与自然、人与人的关系，一般缺乏科学的理解。但他们在长期的生产实践中，不断扩大了知识，对客观事物有可能得出一些接近事实的推测和理解，才会有所发明和创造，尽管仍然还算不了是科学，但至少可以说是原始自然科学的先声。我国学者把《山海经》这部神话专集同时看作是综合的百科全书，不是没有道理的。当代学者还从地理、天文气象、医药、物理、化学、动物、植物、矿产等不同的方面对它进行了研究。有人认为，旱神女魃被安置在赤水一带，雨神应龙到南方，正确地记述了我国北方易旱、南方易涝的气候特点。有的从医学角度作了初略的统计，《山海经》共列举了百余种药物名称，其中有矿物类、植物类、木类、兽类、鸟类、水族类等，体现了我国医学进程中的较早性质。还有的认为，《山海经》所载动植物，可以当作我国古代一幅生物分布图表。书中甚至有关于石油、天然气的记述；所记矿物种类之多，包括金、银、铜、铁、锡、玉和石。治水之神除鲧、禹之外，还有共工、相柳，可以从他们的失败和成功中，了解我国上古水利工程技术发展的概貌。当今科学界正在搜索的“野人”，《山海经·海内经》所说的“赣巨人”，可能便与之有关。原文为：“南方有赣巨人，人面长臂，黑身有毛，反踵，见人笑亦笑，唇蔽其面，因即逃也。”

人类的起源，自古以来就被学者们所注目，提出水为万物之源、人从土中来、人从鱼变来等种种自然发生说。其实，古神话传说已经萌生了人类自然发生说，如卵生神话在许多民族普遍存在。当时，这种发现还是很了不起的，说明原始初民已从动物身上得到启发，直感到人类的进化与禽鸟有某些类似，以后发展为生肉蛋，人从肉蛋中出来的解释，这便已经接近婴儿在胎包中孕育的事实。人类的认识史，总是由荒诞到不荒诞，由幼稚到不幼稚。如果这样去理解卵生神话，就能把握住神话中某些合理之处。

图15　相柳

天空多日、多月的神话，正生动地反映了我国曾有过一个潮湿而炎热的时期。我国著名科学家竺可桢综合古文献和近代科学家的研究成果，发现桃花开、杜鹃鸣、家燕至，古代比近代要早。还有的科学家研究出商代商地的地面多竹，黄河流域一带有象。象是热带动物，说明商代那些地方是炎热的。到周代文献中便没有了这方面的记载。从我国南方一些民族的神话传说中亦可以知道，多日多月的神话绝大多数出现于南方炎热地区。这都表明，日、月神话和天文气象是有关连的。

当今科学家们发明了火箭、飞船，能够进行宇宙航行，征服太空，把跨上另一个星球作为即将实现的理想。难道这一切未曾从原始初民征服自然的想象中获得智慧的光芒？！

神话是原始思维的产物，而我们却是原始思维的超越者。我们既不信神，更不造神。对原始初民的神灵崇拜，我们需要揭开神秘的外衣，作出科学的解释。

这，正是有趣的神游的目的。